溝通高手

即使說「不」也能贏得尊重

高情商表達

于木魚,周冰冰,陶辭 著

打破尷尬、增強同理心,
發揮話語影響力,
讓幽默成為你的社交利器

讚美與幽默,輕鬆贏得眾人好感
表達清晰,讓言語更有力量
從容面對主管和客戶,溝通不再是難題
學會拒絕,不被人情壓力所綁架
提升情商,生活更輕鬆愜意

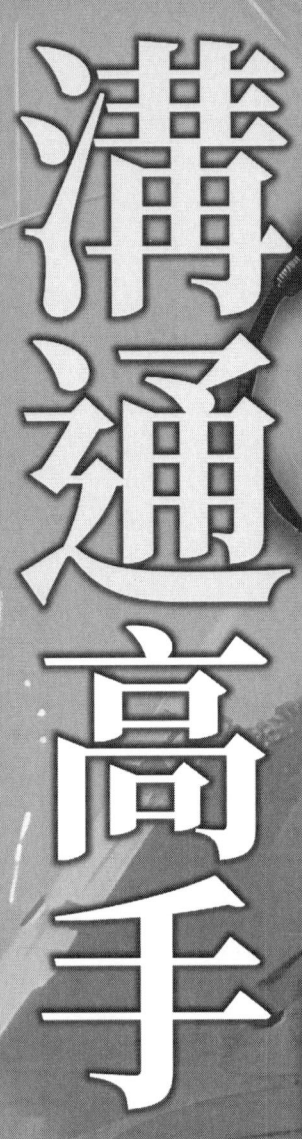

目 錄

前言

Part1　敢開口：這樣說話，一開口就贏了

012 ｜ 告別社交恐懼，有辦法
027 ｜ 和主管溝通，這樣開口大方得體
039 ｜ 會見客戶，這樣開口更受歡迎

Part2　會讚美：這樣誇，人人都喜歡你

055 ｜ 人人都喜歡被讚美
070 ｜ 讚美有技巧，說到對方心坎裡
082 ｜ 讚美要適度，誇人要恰到好處

Part3　會幽默：有趣的靈魂，和任何人都聊得來

091 ｜ 幽默的人都有同理心
098 ｜ 一學就會的幽默技巧
104 ｜ 幽默是化解尷尬的良藥

目錄

Part4　會拒絕：學會說「不」，人生更自由

- 111　敢拒絕：掌握辦事分寸和尺度
- 119　會拒絕：拒絕熟人不傷感情
- 126　拒絕勸酒：不喝酒也能合作雙贏

Part5　會表達：所謂情商高，就是會說話

- 133　職場中這樣表達，更受主管賞識
- 142　生活中這樣表達，瞬間提升情商
- 152　告別語無倫次，表達清晰有邏輯

前言

　　1940年代，美國流行一種觀念，「口才、金錢、原子彈」是世界上生存與發展的三大利器。經過第三次科技革命，人們又將這三件利器改為「口才、金錢、電腦」。可見說話的技巧對人的發展有多麼重要。而在現代社會中，人單單只有口才已經不夠了，還需要懂溝通、會表達、善社交。

　　溝通表達能力的高低不只是決定個人的發展，甚至可以決定一個國家的存亡。縱觀歷史，溝通高手層出不窮。比如春秋戰國時，鄭國老臣燭之武憑三寸不爛之舌勸退秦師，讓鄭國逃過滅頂之災。三國時的諸葛亮舌戰群儒，建立起「聯吳抗曹」的統一戰線，最終打敗曹軍。若是燭之武和諸葛亮的溝通表達能力弱的話，他們的國家能倖免於難嗎？

　　溝通絕不是那些大人物，比如政治家、外交家才需要具備的能力，而是每個普通人都需要具備的基礎能力，無論你的職業是業務員還是文職人員，你都需要和同事、主管以及客戶打交道，溝通能力就是你展現自己的最好方式。拋開職業因素，就連日常生活中，我們和朋友相處、買東西殺價等，也都需要一定的溝通技巧。

　　隨著社會的發展，許多公司對懂溝通、會表達、善社交

前言

型的人才需求越來越高,甚至要求原本從事幕後工作的人也要來到臺前表達。卡內基(Dale Carnegie)說:「一個人的成功,約有15%取決於知識和技能,85%取決於溝通——發表自己意見的能力和激發他人熱忱的能力。」很多專業能力強而溝通、社交能力弱的人會感嘆:「之前我只關注專業技術,忽略了溝通,沒想到會溝通的人那麼受歡迎,受主管重視。」因為若沒有好的溝通能力,即使你專業能力再強,也很難彰顯出來。

現代人在溝通上的問題層出不窮,不敢開口說話、說話容易得罪人、邏輯不清、不懂得拒絕、缺少幽默感、開會即興發言不知所措……等等。正是因為很多人都有類似的問題,所以我們若能提高溝通能力,將成為一項非常具有競爭力的優勢。尤其是在職場中,很多公司都會把員工的溝通、表達等能力納入考核指標,甚至決定一個人的職業發展。

這是一本通俗易懂的工具書,可以隨時隨地翻閱。本書從「敢開口」、「會讚美」、「會幽默」、「會拒絕」、「會表達」5個方面,幫你全面掌握提升溝通能力的重點,不管是親朋好友、同事、主管還是業界「大咖」之間的人際交往,我們在書中都有相關的指導。

相較於枯燥的方法論書籍,本書中有大量的人物故事和場景案例,你能從中了解到很多有影響力的成功人士擁有優秀的溝通表達能力的祕訣,學習多種場景下溝通的恰當方式

和實戰方案，從而獲得直接、快捷、有效的幫助。

當然，並不是幾句話就能展現溝通能力的效果，這個過程需要你自己不斷地實踐和歸納，從而逐漸掌握說話的技巧。而且，進行溝通能力訓練的同時，你也在進行思考能力的訓練，日積月累，你就會看到自身顯著的進步。

希望這本書能夠幫助你開啟會說話、懂溝通的大門，讓你開始真正理解溝通高手的含義，並運用書中的方法技巧和案例素材，為自己的工作助力，為人生加碼。

前言

Part1　敢開口：
這樣說話，一開口就贏了

Part1　敢開口：這樣說話，一開口就贏了

從小我們學語言，老師都會告訴我們要敢開口。敢開口是學習語言的第一步，也是我們人與人之間溝通的第一步。如果有話不敢言說，溝通根本無法開始，因為人與人之間進行溝通最重要的媒介就是語言。

Google臺灣工程研究所所長簡立峰曾面試過一群年輕人，這些人的學歷、素養都很高，但是他們的溝通能力和其專業能力非常不符，這讓簡立峰非常驚訝。在這個「溝通至上」的時代，不少企業都有這樣的感嘆，年輕的職場工作者常常不敢說、不愛說。

明明有實力，卻說不出來，這是為什麼呢？很多人只注重自己的專業能力，而忽略了承載專業能力重要的傳遞窗口──溝通能力，因而導致有話說不出、表達不清、人際關係不好等問題。那麼，怎樣才能讓你在溝通中勇於先開口，並且一開口就能贏呢？

本章從告別社交恐懼、和主管溝通、會見客戶三個方面，詳細講解人們該如何在各種場合做到敢開口。日常生活中見到熟人怎麼打招呼、怎麼開口找熟人幫忙，甚至怎麼接觸到「大咖」，等等，這些我們都可以在下文中學習到相應的溝通技巧和話術。職場中和老闆談升職加薪也需要良好的溝通技巧，和客戶談生意、談合作，溝通更是決定成敗的重要因素之一。

因此，接著往下讀的時候，可以一邊看案例，一邊思考在實際經驗中，自己該如何運用這些提升溝通能力的方法和技巧。只有學以致用，才能真正提升自己的有效溝通能力，而不是讀完就結束了，那樣很難有所幫助。

告別社交恐懼,有辦法

隨著社會的發展,我們不難發現,性格相對外向和善於交際的人越來越受重視,而性格相對內向,不願意主動與人交往的人,往往在社會中不被關注。據調查,很多性格相對內向的人都表示自己並非不想與人交往,而是因為自己在與人交往中有一種恐懼感,也就是我們常常提到的「社交恐懼」。見到熟人能躲就躲,不敢主動打招呼,在朋友聚會中不知道說什麼,存在感很低,見到地位比自己高的人,不知道如何表現能夠讓對方記住自己。這些往往限制了性格相對內向者的發展。

其實,性格內向並不是缺點,而是人們不同的特點罷了。社交恐懼幾乎是每一個人都會遇到的問題,只不過是在不同階段出現而已,很多名人也曾承認自己有過社交恐懼。其實,社交恐懼可以調整,告別社交恐懼並不難。

1. 人人都有社交障礙

英國化學家、物理學家卡文迪許(Henry Cavendish),被譽為自牛頓以後最傑出的英國科學家,同時也是一名有嚴重社交恐懼症的科學家。

卡文迪許幾乎不參加任何社交活動，唯一參加的活動是由一群英國著名自然學家所舉辦的理工人聚會。但卡文迪許在聚會上一句話也不說，只是一個人待著。仰慕卡文迪許能力的人如果想與他交流，只能走到他旁邊，但是要對著另一個方向，向著空氣說出自己的問題。如果卡文迪許聽到了問題，就會小聲地把自己的觀點說出來，像是自言自語一樣。卡文迪許不僅在外面與人交往時如此小心翼翼，回家之後也是惜字如金，就連從小一直照顧他的管家，他也從不與之說話，甚至看見女管家都會臉紅。當他有什麼事非得和管家說的時候，他通常會採用遞紙條的方式，而且同樣惜字如金。

　　某項調查研究顯示，將近 1/4 的人認為自己有社交恐懼症，而美國精神醫學學會也有調查數據表示，美國成人中有約 7% 的人有社交焦慮障礙。尤其在這個網際網路發達的社會裡，我們的社交網路無限擴大，但我們多少少都有些社交恐懼，比如想遠離人群，不想與人交流，寧願一個人在家做自己喜歡的事情也不願出門，見到熟人不想打招呼，在人際交往中總是擔心別人對自己有什麼想法或者意見，在做某項工作時總擔心自己做得不好。

　　比如在職場中，有人見到陌生客戶可能會緊張，見到自己的上級更是緊張得不敢開口；有人即使平時特別能言善道，也會在見到重要人物、參加重要活動的時候緊張；有人遇到了自己處理不了的事情，需要與其他部門不熟悉的同事溝通

時，便在對方的辦公區周圍走來走去，就是不知道如何開口。

日常生活中，我們可能遠遠地看到了認識的人，卻低頭玩手機，假裝沒看見，甚至直接繞路避開，只是為了不跟對方打招呼。在朋友聚會的時候，一群人侃侃而談，但總有那麼一、兩個人自己坐在角落裡不說話，以至於被大多數人所忽略。有時候，我們在某個社交場合看到自己欣賞的知名專業人士，很想向對方請教，卻不知道如何開口要對方的聯絡方式⋯⋯

這些場景無論是在工作還是生活中都非常常見，也給很多人造成了困擾。大家都想在這些情況下脫穎而出，或者至少正常發揮，而前提就是要敢開口說話。所以，我選取了工作和生活中常見的4種不敢開口說話的場合，幫助大家邁出有效溝通的第一步，做到敢開口。

2. 遇到不熟的人怎麼打招呼

在騰訊大廈修好之前，執行長馬化騰跟員工一起乘坐電梯。有一次，一位員工在電梯裡偶然遇到了馬化騰。馬化騰看他站在角落裡獨自看著手機，不知道怎麼跟自己說話，內心有些緊張，但還是對自己點頭問好：「Pony（馬化騰的英文名）。」馬化騰也靦腆地笑著回覆：「嗯，您好。」然後兩個人就一起等電梯到達一樓，中途沒有再說一句話。

像這樣在電梯裡碰到了主管,只能尷尬地說句「你好」,不知道接下來該說什麼的情況,在我們的工作和生活中很常見。在職場中,我們經常在各種場合見到不熟悉的主管和同事,比如電梯、停車場、上班的途中、辦公區,甚至是廁所。正因為這種事情的普遍性,我們在網路上搜尋「遇到不熟的人怎麼打招呼」,會發現有多達 3,600 萬則相關話題。

那麼,面對不熟的人,我們究竟應該怎樣打招呼呢?

(1) 主動出擊,並不可怕

不論是對於職場上的主管、同事,還是生活中不熟的朋友,見面的時候我們都應該主動打招呼。大部分時候,只需要簡單快速地打個招呼即可。比如,遠遠地見到一位不是很熟的朋友,甚至都不需要說話,只需要一個點頭和微笑就可以解決。

如果是在職場中,早上見到同事,我們就簡單地點個頭,說一聲「早安」就可以了。如果是見到主管,更要主動打招呼,但需要注意的是,一般我們在和主管打招呼時,要記得帶上主管的稱謂,也就是職位,例如「早安,張總」、「王經理早」、「劉主管好」。但如果公司文化中提倡直呼名字,也要尊重公司文化。若你剛到一家公司,特別是網路公司,很難分辨該直呼其名還是要加上稱謂的話,你可以先保持正式的問候方式,等主管提出說不必如此時再調整。

(2)聊聊當下，開啟話題

與主管或者同事問候完之後，恰好還要同行一段路，那我們就不能只打一聲招呼就不說話了。此時可以從聊聊當下開始開啟話題，從而緩解尷尬。比如：

「您今天是怎麼來的呀？坐捷運還是開車？」

「早餐吃了嗎？」

「這個時間開車是不是很塞？」

「我今天早上看了新聞，今年政府著重教育政策，您有看到相關消息嗎？」

(3)虛心請教，緊抓機遇

如果我們在生活中學到一些與工作有關的知識，也可以趁著跟主管同行的時候虛心請教。比如業內的相關書籍、資訊，也可以是主管感興趣的話題等，都可以交流。比如：

「王總，有件事我想請教您一下，我最近看了一本關於商業的書，對我們產業進行了一些預測⋯⋯從您的角度看，我們這個產業下一步會往什麼方向發展呢？」

「劉總，我最近在學習一些演講的小技巧，平時您在開會時說話特別有感染力，我很佩服，想學習一下。不知道您有沒有什麼好的演講方法，因為我有時候講話還是容易緊張。」

用這樣的方式虛心請教主管擅長的事情，既能夠開啟話

題,又能夠促進關係。

整體而言,與人打招呼的時候,最重要的是保持熱情和尋找共同話題。這就要求我們在生活中要做一個細心的人,留意身邊發生的每一件事,因為我們留意到的任何一件小事,都有可能成為下一次談話中的好話題。好的溝通氣氛往往從身邊的細小點滴聊起。

3. 怎樣開口找別人幫忙

在職場當中,我們經常會遇到這樣的情況,需要找不太熟的同事幫忙,但又不太好意思,不知道怎麼開口。這時該怎麼辦呢?

我們之所以不好意思找不熟的同事幫忙,主要是因為我們跟不熟的同事缺少情感連結。史蒂芬・柯維(Stephen R・Covey)在《與成功有約:高效能人士的七個習慣》(*The 7 Habits of Highly Effective People*)中提出「情感帳戶」一詞,即人與人交往的同時,會在心中建立一個「帳戶」,用來儲存彼此之間的感情,如果人與人之間沒有任何的連結,那我們直接去找別人幫忙的時候,就難免會有心理負擔。也就是說,如果我們想要心安理得地找別人幫忙,就需要先跟他人建立情感帳戶。

建立情感帳戶的方式有很多,一起吃過飯、喝過茶、聊

過天，都是情感帳戶的基礎。如果我們想請其他部門完全不熟悉的同事幫忙，但之前沒有機會與對方建立情感連結，我們可以先找一位自己熟悉的同事當中間人，幫忙引薦一下。這樣就有了建立情感帳戶的媒介，也會大大提高成功的機率。

在人際關係中，有一個理論叫做「六度分隔理論」（Six Degrees of Separation），指地球上所有的人都可以透過六層以內的關係鏈和任何其他人連繫起來。也就是說，最多透過6個人，你就可以認識世界上任何一位陌生人。

即使是完全不認識的人也可以透過6層人脈連繫起來，更何況是在同一個工作環境下的同事呢？因此，如果你想跟不熟悉的同事建立關係，那麼找一位大家共同熟悉的同事來引薦，會更快速、更高效地達成目的。

除了職場中有些工作需要同事幫忙，我們在生活中也會有求助於他人的時候。很多人因為不想讓自己被他人認為多事、喜歡麻煩他人，於是不傾向於利用自己的朋友圈尋求幫助。但朋友的力量是巨大的，在別人的幫助下，我們能做到更多原本不可能做到的事。這就需要我們學會正確的求助方法。

(1)請人幫忙之前，先思考自己能為對方提供什麼

學會換位思考，對方為什麼要幫助我們呢？這時我們就要想一想，對方在這個幫忙的過程中能否獲得什麼，如果不能的話，我們能額外提供一些好處給他嗎？當我們在請別人

幫忙時，告訴別人他可以從中獲得什麼，如此一來別人會更願意幫忙。

(2) 儘量不要為他人造成困擾

如果有人幫你，這會為他帶來困擾或者損失嗎？我們都只願意做力所能及的事情，同時不願意在幫別人的過程中損害自身的利益。如果你需要的幫助威脅到了對方的利益，對方通常是不會答應的，即使答應了，事後也會對你們的關係造成不良影響。

(3) 儘量不要涉及金錢

所謂「談錢傷感情」就是這個道理，人際關係是靠感情維護的，如果有金錢的參與，雙方關係就會變質。如果情況緊急，必須借用大額金錢，那麼建議找不同的人小額借。

(4) 評估他人能力後再提出幫忙需求

不同人的能力不同，他們可以幫到的忙也不同。如果你需要的幫助超出對方的能力範圍，那麼，一方面對方幫不了，另一方面對雙方的關係也會有一定的不良影響。所以我們要因人而異尋求幫助。

(5) 把你的要求具體化

請別人幫忙時，說清楚你的目標和對方需要做哪些事，列舉清楚需要幫忙的內容後，對方更容易衡量是否能幫這個忙。

(6) 先提出小的請求

根據「得寸進尺效應」，一個人答應別人一個小的要求之後，更容易答應接下來更大的要求。所以先提小請求，對方做到之後再提大請求。

(7) 先提超出預期的請求

就像是講價時常用的策略，先提出一個超出預期的請求，等對方拒絕之後，再提一個更容易的請求，這樣會更容易成功。

(8) 即時表達感謝

當別人幫了你，無論結果怎麼樣，你都應該真心誠意向對方道謝，這樣更有利於你們關係的發展，以後對方也更願意幫助你。

用好這些有效的求助方法，即便只熟練應用其中一個，都能幫助我們維護關係，促進雙方有效溝通。

4. 朋友聚會時存在感低，怎麼辦

朋友聚會是生活中經常會遇到的社交場合，有些人無論是就學期間還是畢業聚會，就像是人群當中的小太陽，總能被人記住。而有些人雖然也每次都參加聚會，但存在感很低，總是被人忽略。

有時候存在感低，並不一定是自己單方面的問題，也並非是一件壞事。可能只是因為大家生活環境發生變化，人與人之間的距離變遠了。

張愛玲和炎櫻曾是大學同學，張愛玲的著作《小團圓》的女性角色就是以炎櫻為原型。她們就學時情同姐妹，非常要好，無話不談。後來張愛玲選擇出國深造，並在那時候達到人生巔峰，炎櫻卻選擇結婚生子。雖然兩人相隔甚遠，但依然會互相寫信。可是漸漸地，張愛玲單方面斷了與炎櫻的聯絡，炎櫻不知道為什麼。張愛玲說，她不想在和一個人聊天時，內容永遠是回味過往，這樣會讓她感覺自己從未成長，一直活在過去。

有時候存在感低，是因為大家發展得不一樣，沒有了共同話題。但也有一些人，是因為比較相互之間的差距而變得沒自信。人們時常覺得自己不如別人發展得那麼好，於是自卑，不願意主動說話，變得沒有存在感，但這樣的對比是毫無意義的，每個人的優勢並不相同，不能憑藉一時的成功或者失敗來下定論。每個人都有自己的天賦，同樣也有自己不擅長的部分，無須用自己的短處和別人的優點比較，而應該用自己的長處來實現人生的最大價值。

如何增強我們的存在感？積極主動是增強存在感的最大法寶。

Part1　敢開口：這樣說話，一開口就贏了

　　小丁在學生時代是完全沒有存在感的人，工作時的表現也平平。有一次，小丁的大學同學舉辦聚會。整場同學會進行下來，每一個人都很滿意，大家都希望以後可以常聚。小丁也受到感動，他打算下次有機會自己也嘗試積極主辦一次。

　　第二年同學們要再聚會，小丁便主動提議在自己的老家舉辦，並且積極策劃，甚至還主動提出想挑戰當主持人。雖然小丁完全沒有主持經驗，但還是認真準備，在聚會當天非常完美地主持了同學會，讓所有的老同學對他刮目相看。

　　可見，增強存在感的最佳方式，就是要積極主動地參與，即使開始有些困難，但是只要我們勇敢地邁出第一步，一切就會變得順其自然。

　　為了在聚會中有更積極的表現，我們可以嘗試在朋友聚會之前，翻一翻朋友們的社交媒體，這樣在聚會的時候就有話題可說；可以在聚會之時，主動誇獎他人，令對方留下印象；可以熱情主動地提出負責策劃下一次朋友聚會，這樣就可以順利地建立聯絡群組，加深和大家的連繫。

　　美國文學家及哲學家亨利・大衛・梭羅（Henry David Thoreau）曾經說過：「最令人鼓舞的事實，莫過於人類確實能主動努力以提升生命價值。」積極主動可以帶來超越想像的結果，因為在人群中，我們一定會對那個主動積極的人產生最深刻的印象。

5. 如何聯絡上產業「大咖」

有的時候，我們會在聚會中見到一些業內知名人物，因為特別欣賞、佩服對方的過人之處，所以希望能獲得對方的聯絡方式，未來可以多向對方請教。但這種時候我們也會有很多擔心，擔心對方會拒絕，擔心自己會打擾到對方的生活，等等。

會有這樣的想法，大概是因為我們見到職位、地位比我們高的人，就會產生一種「恐高」心理，覺得這些人更有權威，與我們有一種天然的距離感，於是不敢上前溝通。

其實，很多時候鴻溝沒有我們想像的那麼不可跨越。要想更加順利地認識業內名人，並讓他們記住我們，可以試試以下 4 個方法。

(1) 放平心態，給對方一個認識你的機會

我們很擔心產業名人會不理我們，甚至看不上我們，不願意加我們的聯絡方式，所以內心十分忐忑。其實不必一開始就急於否認自己，很多名人比我們想像中更加平易近人。

就算他們並不平易近人，那麼最差的情況無非就是對方拒絕了我們，這也並不代表對方就一定瞧不起我們，有可能只是我們要求聯絡方式的方法出現了問題。這時候，我們需要給對方一個答應的理由。

(2) 先提供自己的價值，再加聯絡方式

在和業內名人溝通之前，我們可以先想一下自己或者公司的價值在哪裡，帶著自身價值去要名人的聯絡方式，更容易被他們接受。

某知名脫口秀節目中回答過類似的問題：「想要跟人建立關係，你本身的吸引力，才是更重要的因素。比如你的聲音、氣質、談吐是否足夠吸引人，你是否善於尋找跟對方的共同點和共同話題，你是否能夠提供有意思的訊息讓對方注意到你，願意跟你進一步有接觸，這些都是你需要考慮的事情……」在認識人時，我們不能把自己當成索取者，只向對方索要資源、人脈、知識等，而要反過來把自己當作價值的提供者，讓對方在簡單的字裡行間了解到我們的價值，從而給對方一個想要更進一步認識你的理由。

多數人與產業界名人交往不成功的主要原因，是他們沒有把自己跟對方放在平等的位置上，這是內心沒自信的展現。但人際交往崇尚的是平等原則，不管對方多優秀，我們不能先瞧不起自己，更不能盲目認為跟這些名人接觸，就是在給別人添麻煩。我們應該首先相信自己是一個有價值的人，即使是與名人交往也能夠為對方提供價值。

所以，和產業界名人建立關係的原則就是，要先梳理好自己或者公司的優勢，並且做好接受所有結果的心理準備。

(3) 找個推薦人，更容易讓名人記住你

如果我們跟名人之間有個推薦人或者中間人，無論是互留聯絡方式，還是建立情感連結，都相對容易一些。

永遠不要小看推薦人的重要性，一個好的中間人不僅會讓我們結識到產業名人，獲得與名人相互了解的機會，讓名人發現我們的價值，而且可能讓彼此建立新的合作方式，實現雙贏。

馬雲和孫正義的故事大家都不陌生，當年沒有孫正義的投資，可能就沒有今天的阿里巴巴。當時，馬雲幾乎找遍了他能找到的所有可能投資的人，卻全都失敗了。在他幾乎要放棄的時候，當時風頭很盛的「PHS之父」吳鷹，推薦馬雲去見孫正義，這才促成了馬雲和孫正義的見面。馬雲的命運從此變得不同，而這也是阿里巴巴傳奇的開始。

有時候，我們可能跟當年的馬雲一樣，並非手中的作品不好，只是缺乏別人對我們的信任。但如果有推薦人的舉薦、助力，事情就會變得簡單很多。

(4) 講對方關心的事，讓名人「秒回」訊息

很多時候，名人不回覆訊息，並不是因為針對或者瞧不起我們，只是對我們傳的內容不感興趣。

高瓴資本的創始人張磊和騰訊的創始人馬化騰是好朋友。有幾次，張磊想邀請馬化騰參加派對，於是傳了聯絡方

式給馬化騰，但馬化騰都沒有回覆。有一天，張磊在使用騰訊伺服器的時候，發現一個錯誤，他立即告訴了馬化騰。沒想到，馬化騰「秒回」訊息，並且立即召開緊急會議，商討如何處理問題。

即使張磊和馬化騰是好朋友，但如果一方講的話是另一方不關心的內容，也常常會被對方忽略。如果在溝通交流的時候，說的都是對方關心的話題，便可以快速引起對方的注意並得到回饋。

和主管溝通，這樣開口大方得體

在生活中經常有這樣的情況，私下跟同事和朋友溝通時完全沒有問題，甚至大家都覺得我們的溝通和表達能力很好。但一見到主管就不行了，很難清晰表達自己的觀點，甚至緊張到結巴說不清楚話，也因此導致雙方溝通不順暢。這個現象，我們在上一章中提到過，這是一種「權威效應」，我們見到比自己身分地位高的人時，心中難免會擔心、害怕。主管也是同樣的心理。

一次，著名空軍將領烏托爾‧恩特按照慣例執行飛行任務，但副駕駛員在飛機起飛前生病了，無法繼續工作。於是，總部臨時派給他一名年輕的副駕駛員做替補。

年輕的副駕駛員對於自己要和這位傳奇將軍在同一架飛機上執行任務感到非常榮幸。在飛機準備起飛的過程中，恩特將軍跟往常一樣開心地哼起歌來，身體跟隨節拍律動。這個時候，年輕的副駕駛員以為恩特將軍是要他現在升起飛機，即使當時他很明確地知道飛機還未到可以升起的時候，但他還是把操縱桿推了上去。

結果意外發生了，飛機的腹部撞到地上，一片螺旋槳葉片插入了恩特將軍的背部，導致將軍終生下肢癱瘓。

■ Part1　敢開口：這樣說話，一開口就贏了

　　事後有人問年輕的副駕駛員：「你明明知道飛機這時候不能起飛，為什麼還要這麼做？」年輕的副駕駛員回答：「我以為將軍愉快的表現是在暗示我『該起飛了』。」

　　這就是航空業所說的「機長症候群」，指的是即使機長有問題，大家也不提出建議，也不跟機長直接溝通。因為大家都認為機長的職位比較高，跟機長溝通的效果可能不理想，即使有出事故的風險，也不敢與機長溝通。

　　在職場中也是一樣，我們見到地位身分高於自己的人時，就會開始擔心，不知道該如何開口跟主管說話，即使是正常的交流都會戰戰兢兢。

　　其實，這種現象不僅僅在面對主管時出現。仔細回憶，上學的時候，我們見到老師也會有這樣的感覺。年幼時，面對比較嚴厲的父母也會有這樣的感覺。所以，懼怕主管這件事情，從本質上來說，其實是說明我們懼怕權力、地位、身分比自己高的人。

　　面對這樣的現象，大家可以先記住一條心法：主管也是普通人。大家在與主管溝通之前，默唸三遍這個心法，就會好很多。主管也是普通人，主管只是想從我們這裡獲得必要的訊息。即使主管的權力、地位再高，他也不可能知道公司所有的事情。所以，我們只需要以告知主管其所需資訊的心態與之溝通，這樣就會好很多。

1. 第一次見主管，怎樣給對方留下深刻印象

小王準備去一家科技公司面試文案職位。面試當天，小王匆匆忙忙來到了面試地點。當他到達公司所在樓層時，迎面走來一個高大的中年男人，上下對著小王一陣打量。小王並沒有在意，就趕緊去面試了。

小王找到面試的地方，剛進去，中年男人也跟著進去了。小王內心緊張了一下，這是面試官？隨後小王被總經理邀請到辦公室進行面試。由於他在面試前做好了充足準備，面試時對答如流，很快就受到了面試官的肯定。他心想應該沒什麼問題了，但面試官表示還要經過老闆的同意。小王也就先回去了。

小王到了一樓才發現外面下起了大雨，只好在一樓躲雨。沒想到之前那個中年男人又出現了，但兩個人並沒有說話。中年男人在小王身邊停留了一會兒，又坐電梯上去了。

之後，小王沒有收到新公司的錄取通知書。當小王詢問原因的時候，面試官說，沒有錄用小王的主要原因就是，他沒有和那個中年男人打招呼，因為那個人就是老闆。

在職場中，像小王這樣的情況不可避免，不僅僅是在面試過程中，即便是已經進入一家公司之後，我們也避免不了面對並不熟悉的主管。那這種情況下，如何打招呼能夠讓主管對你印象深刻呢？

■ Part1　敢開口：這樣說話，一開口就贏了

(1) 良好的印象從見面的第一眼就已經開始了

在人際交往中，我們都知道第一印象的重要性，即第一次接觸時產生的印象，往往成為我們決定第二次及以後交往行為的依據。心理學上的「初始效應」闡釋了第一印象的重要性，第一印象常常會成為對一個人的印象定格。而一般來說，第一次見到一個人的前7秒鐘，就決定了我們對這個人的第一印象。

那麼這7秒鐘內我們能做什麼？大概就是說一、兩句話的時間，甚至來不及說話，這時，個人形象對於第一印象的影響就顯得很重要。甚至主管看到我們的第一眼，注意到的也是我們的穿著。

無論是面試還是第一次去新公司報到，或是第一次見部門的新主管，我們都要注意著裝得體。每個公司的服裝文化都不相同，有些公司需要員工穿著專業，那麼穿休閒服裝就不合適。女生化個淡妝，通常塗個口紅就能顯得氣色好很多。

此外，還要注意微笑，微笑也是第一印象中很重要的一部分。

(2) 說好見面第一句話：送問候、留印象、表尊敬

當見到主管時，我們要率先大方地問候，在知道對方職務的時候，可以直接用問候語加對方的職位來問候，如：「早安，王主管。」緊接著，為了讓主管更容易記住我們，要

進行簡短的自我介紹:「我叫王小二,是設計部的一名設計師。」

有很多朋友到這裡就結束了,但為了效果更佳,還需要找一個代表性的記憶點,讓主管對我們有更進一步的印象,比如接著說:「您剛才路過公司大門的那個背景牆,就是我們設計組設計的。」

此外,也可以表達對主管的尊敬。例如:「我在進入公司前,就曾在雜誌上看過您的傳奇故事,對您很敬佩,能夠跟您在同一家公司工作,我感到非常榮幸。」

如果臨近節日,還可以表達節日祝福:「馬上到中秋節了,提前祝您節日快樂。」

需要注意的是,使用表達尊敬的方法時,要根據實際情況調整內容。

(3)設計好結束語,讓主管加深印象

結束語重在表達對此次交流的感謝,以及對下一次交流的期待,比如:「今天透過跟您的交談,我對自己的職業有了更清晰的理解,非常感謝您今天對我的教導和幫助。」

「今天學到了很多,希望下次還能有機會跟您交流。」

「今天跟您的溝通,讓我受到了不少啟發,也讓我的眼界開闊了很多,之後我要跟您多多學習。」

其實,簡單來說,給主管留下好印象的根本要素是自

Part1 敢開口：這樣說話，一開口就贏了

信。第一次見面時的微笑，溝通交流中透露出的尊重的感覺、想法的碰撞，結束時的虛心請教，等等，都可以達到很好的效果。與其說給主管留下好印象，不如說用你的自信與堅定先給自己留下一個好的印象。

2. 電梯裡偶遇主管，該不該主動打招呼

小張入職一年多，平常在電梯裡偶遇主管的情況很多。小張對待主管的態度有兩個，首選是「躲」。小張說：「如果遠遠看到主管先進了電梯，我肯定是能躲就躲，等下一班電梯或者坐貨梯上去。」

萬一躲不過去怎麼辦？他一般先很簡單地打個招呼，進

入電梯後,問主管去幾層,幫他按電梯層數,然後全程看著電梯樓層,不再交談。

我們在職場中都會遇到類似於小張這樣的情況,遇到主管首選就是能躲就躲,實在躲不了就硬著頭皮上,一大早從上班開始,就感覺自己的工作是「步步驚心」。

我們之所以緊張,主要是因為電梯這樣的空間相對封閉,當只有自己和主管兩、三個人在電梯裡的時候,總是不知道以怎樣的方式跟主管說話比較好。

但其實,在封閉的環境中跟主管打招呼,更容易被主管記住。

29歲的劉先生已經在一家公司工作3年了,他說:「我覺得電梯空間雖小,但碰上主管是個不錯的機會。若看到主管在電梯裡,我會像平常一樣進電梯,和他打招呼。如果只有我們兩個人,那就更加坦然了,我會像是跟朋友打招呼一樣,與主管聊一下上班是否塞車,最近的天氣變化,或者產業內有關的新聞資訊,等等。」

在電梯裡面跟主管打招呼並且做簡單的交流,這種非正式的場合非常有利於拉近與主管的距離,有時候甚至還能獲得意外的收穫。

微軟前總經理在電梯裡遇見新員工,不僅叫出了他的名字,還當著這位員工的女朋友的面鼓勵他。這一句鼓勵充分

表達了微軟對員工的關注,也深深影響了這位新員工的職業生涯。這個故事也為微軟的企業文化做了最好的宣揚。

在職場上,對下屬視而不見的主管相對少見。多數主管都很願意跟員工交流,拉近彼此的距離,進而讓工作更順利。

是否在所有的場合中我們都需要跟主管打招呼?並不一定,在一些特殊情況下我們可以不與主管打招呼。比如主管正在打電話並且情緒非常不好時,這個時候即便跟主管打招呼,主管也未必能顧及。總之,當氣氛需要我們開口打破尷尬時,便是簡單地打招呼或者聊天的最好時機。

3. 和主管談加薪,如何開口才能提高成功率

小張最近工作無精打采,因為他剛剛完成了一單大生意,本以為老闆會為他加薪或者發獎金,但是兩個星期過去了,主管沒有絲毫反應,甚至對這件事情隻字不提。小張幾次想跟主管談,都不好意思開口,只能每天生悶氣。

很多人會認為,拿著好成績去找主管談加薪,成功的機率很高。但其實也要講究方法策略。

在跟老闆談加薪的時候,如何做能夠提高成功率?一定要考慮以下 3 點。

(1) 注意時機:事後談不如事前談

著有《104 加薪升職關鍵報告》的 104 人力銀行品牌總監

邱文仁表示，其實大部分老闆不喜歡員工拿著華麗的成績單來談加薪，「因為對發薪水的人而言，這有立即付出成本的壓力，且有受威脅的感覺」。因此邱文仁建議，關於加薪，事後談不如事前談。

事前談的優勢有兩個：一是老闆對你有期待，二是沒有立刻付出成本的壓力。

如果我們是小張，在接到大生意的時候，就可以這樣跟老闆談：「老闆，我今天下午要和××公司的負責人談一筆5000萬的生意。但在這之前，我想跟您商量一下，這樣大單的生意在我們公司也算是很少見的，如果我把生意談妥了，事後您可不可以給我一些獎勵？」

(2) 準備好談判籌碼：展現價值很重要

跟老闆談加薪，從本質上來說就是在談判，談判就需要好的談判籌碼，對於一個公司而言，員工產出的價值就是最好的談判籌碼。

在某公司擔任中層主管的劉先生，曾經有過兩次要求主管加薪的經驗，兩次方法不同，效果完全不一樣。

第一次，他直接走進主管的辦公室，信心滿滿地說自己很努力，業績也很好，並且自己還有很大的經濟壓力，要求主管給自己加薪。主管並沒有同意，甚至都沒有上報給公司高層。因為這件事沒有成功，劉先生跟自己主管的關係大不

如前,甚至打算離開這家公司。

第二次談加薪,劉先生決定如果再不成功就辭職另找工作,可是他不想像上次一樣跟主管面對面聊,於是打算寫一封郵件給主管,將自己的優勢和已經為公司創造的價值全部寫清楚,並且有些大專案直接換算成了收益金額,內容十分誠懇,結尾處提道:「這是我半年來的工作表現,請您參考,若有不夠好的地方,請您多指教。」結果這次主管將他的郵件直接轉發給老闆申請加薪。這一次,劉先生順利加薪。

以「經濟壓力大、貸款重」為藉口談加薪,是主管很忌諱的事情。沒有主管願意為「你需要」而買單,主管更在乎我們為公司做出了多大的貢獻,帶來了多少利潤。

所以,我們在談加薪前,要先收集整合一下自己談判的依據,最好用數據的方式呈現,證明自己的能力,往往更容易成功。

(3)談話氣氛很重要:談話需要開場白

談加薪,一定要在良好的談話氣氛中進行,才能有好的效果。不能一上來就生硬地要求加薪,最好的方式是先表達主管對我們的幫助,即從簡單的讚美開始慢慢進入主題,我們可以這樣說:

「主管,我剛剛完成了××專案的工作,這次之所以能夠成功,歸功於您對我們專案的支持。我在您身上學到了很

多，非常感謝您對我的支持和照顧。」

有了好的開場白之後，要持續維護這個好氣氛。所以，接下來的所有表達，都要用「問號」，而不能強勢地用「句號」。因為加薪是一個請求，而不是命令。

有些人可能會這麼說：「如果您不為我加薪，我就離開。」這並不是一個好方法，反而是在給自己「挖坑」，斷了自己的後路。

所以，相對好的表達方式的開頭是：「不知道是否可以申請上調薪水？」

如果主管臉色有點難看，或者反問道：「如果大家都跟你一樣來要求調薪，該怎麼辦？」

那麼我們應該在表達需求的同時，表達對主管的理解：「我知道您很為難，但我也有不得已的考慮。或許您可以考慮一下，看什麼時候可以給我答案呢？」給主管一些思考的時間，這樣結束話題也不顯得那麼尷尬，畢竟之後大家還是經常見面的同事關係。

如果實在想用「離開」這樣的詞，要注意不要過於強硬，要誠懇地表達自己的難處，不妨試試這樣說：「我很感謝公司的栽培，在公司的幾年裡我學到了不少東西，工作也越做越上手，但是現在我有薪資更高的選擇，所以可能會有換工作的考慮。」

■ Part1　敢開口：這樣說話，一開口就贏了

　　值得注意的是，談加薪從本質上來說其實已經進入了談判的領域，而談判是一種高階的溝通方式，雙方的優勢差異決定了溝通的進展快慢。簡單來說，談加薪是由權力高的一方來控制節奏的，而權力低的員工一方，確實不占據上風。所以談加薪的次數不一定是一次，也確實很難一次成功，要做好多次並且抓住適當時機進行談判的準備。

會見客戶，這樣開口更受歡迎

很多職場人在拜訪客戶的時候，總希望先給對方留下好印象，這樣才有繼續合作的可能性，進而達成長期的良性合作。但在與客戶交流的過程中總會遇到很多問題，有些人表示不知道該如何跟陌生客戶溝通。要不要一見面就直奔主題？該怎樣跟客戶開啟話題，既能掩蓋自己的緊張，又能體面地開始？其實，討客戶喜歡並非難事，最難的部分也是最令職場人頭疼的部分，是開場「破冰」應該如何做，只要做好開場，就成功了一半。

1. 初次見客戶緊張，應該怎樣開場

很多剛開始跑業務的夥伴，在談客戶的時候都特別緊張，根本不知道應該怎麼說。

張廣剛開始做銷售業務，天天打電話給客戶，打了快一個月了，卻沒有任何進展。

帶張廣的老員工比較負責任，把張廣之前打電話的錄音都聽了一遍，總結出了張廣之所以打電話不成功的原因。

(1)沒自信,說話沒有力量。

(2)表達時語無倫次,缺少語言組織能力。

(3)緊張,導致無法妥善地介紹產品。

張廣看到老員工的總結後恍然大悟,原來不只是知道產品是什麼就可以了,更重要的是要能表達出來。

其實,跟張廣有同樣困惑的人並不少,剛入銷售行業時,多少都會有類似的情況。但如果缺乏正確的指導方法,很多人容易喪失信心,在工作之初就選擇放棄,甚至因遭受打擊而使日常生活受到影響,如變得不愛社交等。

對於要經常跟客戶打交道的夥伴們來說,如何讓自己不那麼慌張呢?以下是兩種情況的相應建議。

(1)與客戶初次打交道

① 做好準備

商場如戰場,尤其是對於剛剛步入銷售行業的人來說,如果你在與客戶溝通前什麼都不準備,就很難在溝通過程中取得良好的效果。因為如果缺少準備,很多人見到客戶之後大腦會一片空白,不知道該說些什麼。

建議大家在見客戶之前,提前準備大致要講的內容,包括如何開場、哪些是重點、如何收尾等,不需要逐字逐句地背下來,但至少要心裡有數該講哪些內容。

② 先開啟話題

菜鳥業務員容易犯一種失誤,一開口就講自己家的產品有多好。其實,在沒有跟客戶建立信任之前,這些都是沒有用的,甚至還會引起客戶的反感。因此跑業務的夥伴除了準備必要的產品話術之外,還要準備聊天話題,比如興趣愛好、家庭、健康、生活、旅行等。可以嘗試這樣說:

「您的身材這麼好,一定經常鍛鍊身體吧?」

「您的皮膚保養得也太好啦,怎麼保養的呀?」

「昨天傳訊息給您的時候,您說去接孩子放學,孩子上幾年級呀?」

「我前幾天看您上傳了幾張特別漂亮的照片,您是去旅行了嗎?」

提出可以聊的生活類話題,讓初次見面的客戶放下戒備,再慢慢將話題引導到產品上,避免一見面就推銷產品的生硬感。下一小節我們會著重分享與客戶寒暄的技巧。

③ 讓客戶多說

銷售老手們都有一個絕招——不是業務員說服客戶,而是客戶說服了自己。如何能夠達到這樣的效果呢?其實並不難,關鍵在於在談話過程中引導客戶多開口。有的業務員在客戶面前口齒伶俐,侃侃而談,自信滿滿地認為客戶一定聽得懂,但是結果往往不盡如人意。實際上,當業務員喋喋不

> Part1　敢開口：這樣說話，一開口就贏了

休的時候，客戶就會覺得自己被「掌控」，進而不願意配合。如果換個方式，讓客戶多說，業務員只是進行引導，就可以慢慢達到客戶自己說服自己的目的。

假設今天各位業務員的產品就是這本書和系列課程，要怎樣引導客戶呢？你可以嘗試這樣說：

業務員：「您好，王姐。（此處省略寒暄部分）我記得您跟我說過，您其實沒有很大的表達問題，平時交友都很順利。那為什麼還想了解我們的書和課程呢？我一直很好奇，想跟您聊聊。」

王姐：「其實我一直都認為自己是非常善於表達的人，然而有一次公司開會，主管讓我上臺做簡報，我當時不知道怎麼了，語無倫次，非常緊張，後面也不知道自己講了什麼。下來之後，主管對我的發言非常不滿意。所以我很擔心以後再出現這種情況，我該怎麼辦？」

業務員：「王姐，您這個情況我懂了。我想多問一句，那一次是您第一次當眾表達嗎？」

王姐：「是的。」

業務員：「那次會議之後到現在，您還有沒有過當眾表達的機會？」

王姐：「有的，不過沒有主管在場，是我們部門的會議。」

業務員：「那個時候您還有緊張的感覺嗎？」

王姐:「那就沒有了,講得很順利。跟現在一樣。」

業務員:「都是開會,有什麼區別呀?為什麼後面一次講得就不錯啊?」

王姐:「我感覺應該是因為有主管在場,再加上比較突然,我沒什麼準備。平時我們部門的會議,我多少會先準備一下大綱,這樣心裡才有底。」

業務員:「好的,王姐。您的情況我基本上了解了。我覺得您會有這種情況的原因有兩個:一個是因為即興發言,您缺少邊說邊想的能力;另一個是有主管在,您心裡比較緊張。」

王姐:「對,我沒有稿子、沒有準備就不行了。而且我確實有時候有點害怕主管。你說該怎麼辦呢?」

業務員:「我這有幾個方案跟您聊聊(介紹產品的時刻來了)……」

這個案例,是完全透過引導客戶,讓客戶多表達,多說話,最後讓客戶自己想要了解產品和解決方法。在過程中,業務員不必再強行將產品推給客戶,因為客戶明白自己的困境和不堪,就會主動詢問相關資訊。

(2) 與客戶多次打交道

有了跟客戶第一次交流的基礎,是不是就一定事半功倍了?其實不然,已經接觸過的客戶,不僅僅是業務員熟悉了客戶,客戶也熟悉了業務員。換句話說,客戶也熟悉了業務

Part1　敢開口：這樣說話，一開口就贏了

員的套路。所以，多次與客戶打交道的方法跟第一次打交道還是不一樣的。

與客戶多次打交道需注意以下 3 點。

① 多管道留意客戶的訊息

與客戶的交流不能僅僅停留在當面溝通上，還要用社交軟體時不時地聯絡一下感情，讓客戶覺得自己被關心。比如，客戶在社群軟體上分享了一張自己的照片，業務看到之後，要積極地按讚和留言。注意，留言很重要。因為按讚的人很多，留言的人很少。有必要的話，除了留言外，還可以私訊客戶。此外，記得要將自己與客戶的聊天紀錄的重要訊息記下來，因為每一個細節都有可能成為客戶信賴你的關鍵。

陶小雪入職 3 個月就成了公司的優秀業務員，大家都很好奇，剛入職不久的她是運用什麼方法搞定了好幾個大客戶的呢？於是，在一次團隊會議上，陶小雪分享了自己的經驗：「其實，今天我想跟大家分享的只有一個詞：細心。我想我之所以能夠拿下這幾個大客戶，主要是因為細心和運氣，我會透過各式各樣的方式翻閱他們的資料和社交媒體，最終知道他們的生日，並在他們生日來臨之際，發送一則自己編寫的訊息。他們感到很意外的同時，也很感動，於是主動找我了解公司的產品，還有的主動約我吃飯，在飯桌上說可以支持我的工作。我覺得我沒有什麼銷售技巧，只有細心和真誠。」

陶小雪的一番話，甚至給很多老業務員都帶來了啟發，原來留意一個微小的訊息就可以建立彼此的信任。

② 從客戶身邊人入手

除了可以從客戶本身的細節訊息入手之外，還可以從客戶周圍的人入手，比如其家庭成員等。

張玉一直在跟一個客戶，但客戶遲遲不肯下單，張玉各種方法都試了，還是沒有結果。於是張玉去請教業務主管王淼。

王淼：「這樣的客戶基本上可以斷定，從他自己身上找不到切入點。我之前也有類似的經歷，那個大客戶我跟了兩年，幸好最後還是拿下來了。」

張玉：「那您當時是怎麼搞定的？」

王淼：「當時的情況跟你現在遇到的這位客戶基本相同，沒有任何切入點，但是直覺告訴我，他有需求、有興趣，一定是個大客戶。後來，我找到了他的老婆，幫了他老婆很多忙，最終他主動找我，要跟我們公司簽約。」

張玉：「我明白了，原來還可以從客戶的身邊人入手。」

有很多客戶在乎家人大過在乎自己，如果從客戶自身找不到更好的角度，從其家人身上入手也是一個不錯的選擇。

③ 調整好心態

簡單來講，就是抗壓性要強。因為作為一名業務員，難免會遇見被客戶拒絕的情況。有些業務員認為被拒絕是一件

很難堪、很丟人的事。其實並非如此，因為在這件事情上，客戶往往只是對事不對人。客戶拒絕的是產品，而並不是業務員本人。針對有需求的客戶，不論其需求是否緊迫，只要好好服務，即使不能立刻成交，也可以掌握一份有用的人脈資源。

單心是一家網路公司的商務人員，經常要為公司談合作。他跟所有的業務員一樣，常被各式各樣的客戶拒絕，但他為公司接下的大專案並不少。有一次，他帶著新員工一起去談合作。那次遇到的客戶比較難纏，而且客戶的態度和脾氣不太好，在談判中大發脾氣，甚至破口大罵。新員工被嚇得一個字都說不出來，單心卻面不改色地堅持談判。當天的談判最終不歡而散，但單心沒有絲毫的負面情緒，新員工感到很疑惑，單心解釋說：「哈哈，大家都是為了自己的利益而已。別擔心，保證 3 天後我們還能再談一次。」

果然，3 天後他們兩個人再次來到這家公司，對方客氣地接待了他們，就像之前的不愉快沒有發生過一樣，而且這次的談判還算順利，雙方基本達成了共識。

其實類似的客戶有很多，客戶跟我們非親非故，根本不會針對我們，他們針對的只是利益。只要確保雙方在利益上達到雙贏，多從對方的角度考慮問題，就可以避免心態失衡，進而達成合作。

初次見面緊張,如何開場?

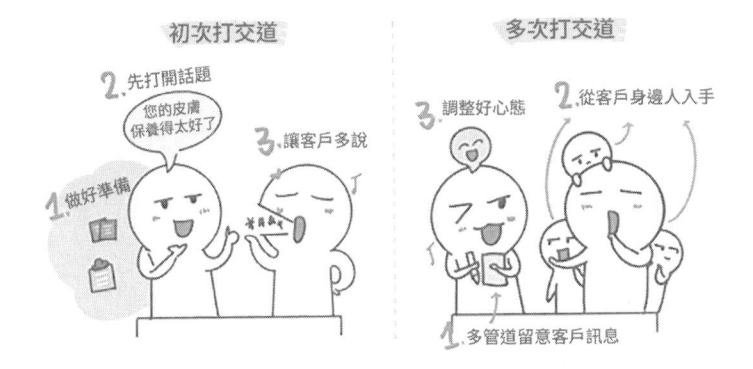

初次打交道
1. 做好準備
2. 先打開話題（您的皮膚保養得太好了）
3. 讓客戶多說

多次打交道
1. 多管道留意客戶訊息
2. 從客戶身邊人入手
3. 調整好心態

2. 拜訪客戶,應該怎樣寒暄

第一次拜訪客戶需要注意的地方有很多。要想令客戶留下好印象,需要在拜訪前做好充分的調查,並學會在見面時更流暢地開啟話題。具體可以從以下幾個方面入手。

(1) 記住對方的名字,讓對方感覺到被尊敬

在拜訪客戶的時候,我們不能只顧著背誦自己公司的簡介和產品說明,還要調查客戶訊息,更徹底地了解客戶,以免出現記不住客戶名字的情況,起碼要記住客戶的姓和職務,如:王總、劉主管、張經理。這樣才能讓對方感覺到被尊重。

(2) 送上節日祝福

如果恰好遇上了節日，開口的時候可以先送上節日祝福，如：

「馬上到春節了，提前祝您新春快樂。」

「明天就是端午節啦，提前祝您端午安康。」

「還有幾天就是中秋節啦，先提前祝您闔家歡樂。」

(3) 觀察辦公室擺設

如果去對方辦公室拜訪，可以根據對方辦公室的物品擺放製造聊天話題。

比如，對方辦公室裡有一些榮譽證書和獎盃，我們可以這樣說：

「今天第一次來到您的辦公室，看到您有這麼多的榮譽，尤其是這個獎，好像是很難拿的一個獎。您真的是太優秀了，我要多跟您學習。」

如果在對方辦公室裡看到了家人的合照，我們可以這樣說：「這是您的妻子和孩子吧，您的事業這麼成功，一定是有家人的支持，好羨慕！」

如果在對方的辦公室裡看到了很多書，我們可以這樣說：「這是我第一次看到有這麼多書的辦公室，您事業這麼成功還這麼好學，太值得我們學習了。這麼多書，我一年到頭

可能都看不了幾本。」

寒暄的內容要適宜，不要過度挖掘對方的隱私，要給出真誠的祝福、讚美，這樣就能立刻讓對方和你拉近距離。

3. 和客戶吃飯，應該怎樣「破冰」

在職場飯局中，千萬不要別人問一句我們才答一句，一定要保持良好的溝通氣氛，並且要掌握更多的話語主動權，才能讓談話往我們想要發展的方向進行下去。

在初次見陌生客戶的時候，應該怎樣「破冰」才能讓氣氛更好呢？以下幾點可供參考。

(1) 了解對方的背景，為談話做準備

和前面提到的初次見客戶一樣，和客戶吃飯不論是陌生客戶還是熟悉客戶，在飯局前一定要做好準備。特別是陌生客戶，要了解對方的背景。

比如最基本的資訊：名字、職務、來自哪一家公司、年齡，等等。

稍微深入一些的資訊還有：負責過哪些專案，是否在此之前跟我們公司有過合作，是否是其他熟悉的客戶或同事推薦過來的。

除了工作上的資訊之外，還可以多了解客戶自己以及他

■ Part1　敢開口：這樣說話，一開口就贏了

的家庭狀況，比如：他的興趣愛好是什麼，生日是什麼時候，是否已結婚，是否有孩子，孩子多大，等等。

這些資訊雖然比較瑣碎，但是有時候正是這些瑣碎的小事，能夠讓飯局上的氣氛變得輕鬆，讓對方放下戒備心，促使談話順利進行。

(2) 要把客戶當朋友，表達真誠很重要

對待客戶是否是真心誠意，其實能夠從相處交往中看得出來。有的時候，我們不需要太多的銷售話術和技巧，真誠就可以獲得更多的回饋。

魏旦是一家金融公司的業務主管，平時忠厚老實，怎麼看也不像一個銷售冠軍。剛入行的時候，他什麼都不懂，業績也很差。但是他把客戶當朋友，誠心誠意地為客戶付出，從客戶的角度考慮問題。沒想到試用期結束之前，有6個客戶來找他簽單。

可見，魏旦最大的銷售「技巧」是沒有技巧。真誠是最大的法寶，特別是在與客戶初次見面的時候，千萬不要太過於功利，坦誠、真誠一點更能夠達成最終目的，並且還可以與客戶交上朋友，一舉兩得。

(3) 善於提問，從對方的言語中找話題

王紅是一名剛工作不久的業務員，今天是她第一次談客

戶,她準備好了一切,整裝待發。一見到客戶,她馬上開口說:「邱總您好,我是小王。今天看您的氣色好棒啊。對了,這附近還好找吧?哎呀,這是我特意為您選的,我跟您說,這個地方跟您的氣質很符合。就像我們的產品一樣,特別高雅……」

邱總:「小王,你一口氣說太多了,不著急,我們先點杯喝的。」

王紅的表達,單看每一個句子都沒有問題,但是一口氣說出來,沒有給對方任何的喘息機會,反而沒有好效果。如果改採取增加互動的方式,就會更好。比如,可以這樣調整:

王紅:「邱總,您好。我是常跟您聯絡的王紅。這個咖啡廳還好找吧?」

邱總:「蠻好找的,離我家比較近,而且我之前來過,環境還不錯。」

王紅:「是啊,我之前在網路上研究過,這是附近排名第一的店,而且我還提前過來確認了一下,想看看合不合適,不合適我馬上就改地方。」

邱總:「難得王紅這麼細心呀。」

王紅:「哈哈,應該的,我們先看看喝的吧。您看看您想喝什麼?」

邱總:「好,平時我都喝拿鐵,今天想換個口味。」

Part1　敢開口：這樣說話，一開口就贏了

　　王紅：「這樣啊，這家的冷萃不錯，您要不要嘗嘗？」

　　邱總：「那聽你的。」

　　王紅：「您平時喜歡健身吧？看您的身材保持得真不錯。」

　　邱總：「是啊，我確實喜歡健身，平時不工作的時候我就喜歡逛逛街，看看電影，健健身。你的觀察能力很強啊！」

　　王紅：「您確實太優秀了，我想看不到都難呀。我覺得我們家的產品您會喜歡的，比較適合氣質優雅的人，跟您太符合了。」

　　邱總：「是嗎？可以介紹一下嗎？」

　　王紅：「那當然啦！」

　　當王紅給了客戶一些時間，並且提問互動後，整體的氣氛就會變得好很多。在與客戶的交流中，有很多業務員喜歡一股腦地把所有的話都說完，這樣做一方面可能會讓自己很快「詞窮」，另一方面給客戶帶來的感受也很不好。不如換個方式，避免單方向持續輸出，保持與客戶的互動，這樣會使整個談話更舒服也更有效。

Part2　會讚美：
這樣誇，人人都喜歡你

Part2　會讚美：這樣誇，人人都喜歡你

　　根據馬斯洛（Abraham Harold Maslow）的需求層次理論，每個人都有「尊重」的需求，而被讚美是滿足「尊重」需求的重要方式。當個體被認可某些方面的價值時，他會非常開心。我們可以把這種方法應用在人際交往上，想促進一段關係，最好的方法就是熱情地讚美他。

　　正是因為沒有人會拒絕讚美，美國一位著名的社會運動家提出了一個理論：「給人一個好名聲，讓他們去達到它，他們寧願做出驚人的努力，也不會讓你失望。」這裡說的好名聲就是一種讚美，它擁有神奇的力量。

　　「良言一句三冬暖」，只有真誠地讚美別人，才能與人和睦相處。如同一名美國學者所說的：「我們應該努力發現他人身上可以讚美的地方，即發現他人的優點，然後養成每天5次真誠讚美他人的習慣，漸漸地，你會發現，你和他人的關係會變得更加親密。」

　　本章從人人喜歡被讚美、讚美的技巧和讚美要適度3個方面，來幫助我們在朋友、親人和同事之間巧妙地運用讚美，促進人際關係。

　　要記住，真誠是讚美的基礎，讚美別人時一定要從實際出發，還需要掌握一定的技巧，否則，即使態度真誠，也有可能讓好事變成壞事。讓我們一起來學習如何正確地讚美他人吧。

人人都喜歡被讚美

有位古人金榜題名後,要到外地當官,臨走前,他有個身居高位的朋友對他說:「當官要謹慎,尤其是在外地當官,更要謹慎又謹慎呀。」

他回答:「不用擔心,其實我已經準備好了100頂高帽子,到時候不管去哪裡我都每人送一頂,保證大家都開心。這樣,也不會有什麼人為難我了。」

朋友聽了,表情凝重,明顯有些不高興,說:「我們都是讀書人,應當潔身自愛,不能去阿諛奉承別人。」

他聽完之後笑笑地說:「您說得對,可惜這天下跟您一樣的人又有幾個呢?如果都跟您一樣正直,我想我們國家必定更加昌盛。」

朋友一聽非常高興:「嗯,我覺得你說得也有道理。」

那人與友人告別後,對家人說:「我的100頂帽子,現在只剩下99頂了。」

人人都喜歡被讚美,像上面故事裡的朋友,即使他說自己不喜歡阿諛奉承,但在被不著痕跡地讚美過後也開心不已。馬基維利(Niccolò Machiavelli)是義大利政治思想家和歷史學家,他曾提出過這樣的一個問題:「為了獲取權利,如何

■ Part2　會讚美：這樣誇，人人都喜歡你

使自己給別人留下好印象？如何討人喜歡？」他認為，一直說對方喜歡聽的話，便會給對方留下好印象，進而獲取更多的好處。這也被現代人稱作馬基維利效應。

妥善使用讚美這個低成本的社交工具，常常會有驚人的效果。如此看來，如果再不會誇人你就要吃虧了。

1. 新來公司沒人緣，讚美可以增進關係

在職場中，人緣好的人往往會得到更多的幫助，也會給別人留下更深刻的印象，如何讓自己擁有好人緣？一定要學會讚美，因為好人緣都是誇出來的。

(1) 讚美主管，留下好印象

① 讚美上級要自信

讚美上級的時候要自信、自然地表達，切記不要膽怯，甚至支支吾吾，否則就會讓上級覺得你只是阿諛奉承，想拍馬屁。自信自然的表達，才能夠讓上級感受到真誠的讚美。

② 讚美上級的影響力

我們在工作場合誇獎他人的時候，通常喜歡誇獎對方的能力。但作為上級，只誇獎他的能力是不夠的，因為他有能力是顯而易見的，如果沒有能力，他也很難做到主管職位上。所以，在誇獎上級的過程中，誇獎上級的影響力更容易讓對方留下好印象。

比如可以引用上級開會或者平時常說的話來凸顯上級的影響力:「王總,您上次開會跟我們提到的一句話,帶給我很深的感觸。您說創新才是一家公司長遠持久的核心競爭力。我聽完後非常贊同,因為時代在變,與時俱進的公司才能夠長久。」

「劉主管,還記得您上次建議我多學習一些除了本業之外的知識,這一點幫助我走出了自己的舒適圈,提升了自己的格局,感謝您對我的幫助。」

也可以借他人的話來讚美上級,凸顯上級的領導力:「劉總,時常聽我們業務部的劉主管提起您,說您自年輕的時候起能力就很強,25歲的時候就帶了30個人的團隊創業,今天我們公司有500人了,還取得了非常矚目的成就,都歸功於您的帶領。我特別欽佩您。」

③ 維護對方的面子,就是對他的讚美

慈禧太后愛看京戲,有一次,她去看著名演員楊小樓的戲。散場後,楊小樓求賞,請慈禧賜一個字。慈禧當即揮筆寫了一個「福」字。

誰知慈禧太后把「福」多加了一點,將「示」字旁寫成了「衣」字旁。在場所有人都緊張起來,氣氛尷尬,太監李蓮英腦子靈活,笑著對慈禧太后說:「老佛爺之福,比世上任何人都要多出一『點』呀!」聰明的楊小樓一聽,連忙應和李蓮英的說法:「老佛爺福多,這萬人之上的福,此等大的福氣,奴

Part2　會讚美：這樣誇，人人都喜歡你

才怎敢領呢！」慈禧太后正為不好下臺而發愁，經他們這麼一說，就順水推舟，笑著說：「好吧，隔天再賜你吧。」一場尷尬就這樣化解了。

其實，絕大多數人都是看重面子的，尤其是上級主管，在公司裡更要維護自己的面子。許多上級還會將下屬是否給自己面子這件事情，作為一種潛在的考核，在內心給下屬打分數。作為下屬，想更恰當地維護上級的面子，可以參考以下 7 點。

第一，當上級表達有誤時，不用急著當眾反駁，私下溝通效果更佳。

第二，多請教上級，不要總想著證明自己比上級專業，鋒芒畢露在職場不一定是件好事。保持謙虛好學的姿態更好。

第三，背後不說上級壞話，而且很多話越傳越離譜，可能會造成嚴重的誤會。

第四，上級遇到尷尬的場景時，即時幫上級化解危機，切忌火上澆油。

第五，與上級關係再好，在其他人面前也要儘量對上級保持尊敬。

第六，凡事不要越級彙報，尊重直屬上級。

第七，重大決策不要私自決定，詢問上級後再處理，讓上級覺得被尊重。

(2) 讚美下屬，給予認可

身為上級主管，並不是越嚴肅越好，很多時候，適當的讚美會帶給下屬意想不到的鼓勵，使管理變得更加容易。

① 即時讚美下屬，給予動力

美國斯凱特朗電子電視公司執行長阿瑟‧利維，當時準備大力推動研發閉路電視（CCTV）。他應徵到一位名叫比爾的年輕人，比爾工作起來非常瘋狂，直接把自己關在實驗室裡，沒日沒夜地工作。大概一週之後，比爾完成了大部分的工作。工作結束後的比爾非常疲憊，在床上睡了一整天。當他醒來的時候，他第一眼就看到了利維。利維拉著比爾的手，跟他說：「比爾，雖然我很在乎這個專案，但是跟專案比起來，你的命更重要，我不能因為工作而損害你的健康。如果研發不成功我也不會怪你，我更希望你照顧好自己的身體。」

這一番話使比爾的心態發生了很大的變化，他不再只把這件事情看作一份工作，而是將其看作一份事業，並跟利維一起為這份事業而奮鬥。最終兩人獲得了成功。

作為上級主管，如果你能即時肯定下屬為工作做出的付出，讓下屬感受到被關懷、被認可，就能促使其更加努力地工作，甚至將工作視為自己的事業。

② 讚美能改變工作心態

一位資訊業的女員工，每天都與電腦和程式碼打交道，

■ Part2　會讚美：這樣誇，人人都喜歡你

整個人變得越來越內向拘謹，不愛說話。然而前一陣子，朋友們發現了她的變化，她開始變得開朗，連微笑都比以前多了很多。經過詢問才知道，原來她換了工作。新公司的上司很有活力，並且很願意肯定所有人的進步和工作成果，讓每個人在工作時不再拘謹，而是開心地工作。而這也成為她心態改變最重要的原因。

其實，讚美並不只是單純的幾句誇獎。好的讚美可以給予人力量，讚美所營造的氣氛更能帶給人愉悅的心情，進而改變人的心態。尤其是現代社會中，生活節奏太快，人們總是過於忙碌，有時候難免有些迷茫，如果在迷茫時期能有人給予鼓勵和肯定，會讓我們更有動力面對生活。

③ 讚美下屬，讓下屬覺得你有人情味

徐經理第一次搭李司機開的車時，正值上下班交通尖峰期，路上交通擁擠，但李師傅開得穩而不慢。於是徐經理開口說道：「李司機，你在這樣的情況下還能開得這麼快，真不簡單！」這句衷心的讚美之詞讓李司機非常高興，因為從來沒有人這麼誇獎過他。於是他之後開車更加用心了。這件事情過去幾年了，李司機仍是念念不忘，並且時常誇獎徐經理有眼光。

人與人之間的相處是否融洽，有的時候就因為一句話。一句不好的話會破壞關係，一句讚美的話會讓關係昇華。上級面對下屬的時候，少些批評，多謝讚美鼓勵，可以使下屬繼續保持好的工作心態，並讓下屬往上級期待的方向發展。

(3) 讚美同事，獲得支持

劉芳是公司的人事部主管，熊露是業務部主管。做業務的熊露難免在工作中碰壁，比如遭到客戶拒絕等，但熊露的抗壓性一直很好。有一次，客戶的某個方案改了又改，公司的流程又非常煩瑣，導致專案嚴重延期。熊露也不免開始焦慮，不知道該怎麼辦。這時，在一旁的劉芳看出了熊露的不安，她對熊露說：「熊露，我真是佩服妳，如果這個專案不是妳負責，我猜公司早就放棄了，妳竟然在這麼難的情況下仍不斷地堅持，真令人佩服。有了妳的這分堅持，專案一定會成功的。」熊露聽了劉芳的話，突然很有信心，最終這個專案果真在熊露的不斷努力下成功了。熊露因此很感謝劉芳，她們的關係也越來越好。後來劉芳離職，熊露也幫她介紹了一份不錯的工作。

有的時候，只是一句讚美的話就能夠獲得同事的更多支持，甚至能獲得意想不到的機會。

我們在讚美他人，尤其是有工作往來的對象時，需要注意以下3點。

① 讚美要具體

具體的誇獎會讓人覺得真誠。英國專門研究社會關係的卡斯利博士曾說：「大多數人選擇朋友的依據都是看對方是否真誠。如果你不是真心誠意的，要與他人建立良好的人際關係是不可能的。讚美他人也是如此，如果你的讚美不是出於

真心,對方就不會接受這種讚美,甚至懷疑你的意圖。」當我們毫無依據地讚美一個人,對方不僅不會開心,還會覺得你不真誠,另有目的。所以當我們要去讚美他人時,一定要有一個具體值得讚美的重點。

② 讚美時,可以具體地誇獎對方的工作成就

在職場中,讚美工作成就最不容易出錯。例如:

「小王,這次工作做得好棒啊,昨天在會議上劉總特別誇獎你。而且聽說這次談判,前後經歷了好幾個月的時間,本來所有人都覺得沒希望了,還是你抓住了對方的根本需求,公司才找到了切入點。你真的太厲害了!」

即使是跨部門的合作,在第一次見面時也可以具體地誇獎對方的工作成果。

「上次 A 組的專案是你們協助的嗎?那個效果非常好,我們當時都很佩服。我們這次合作一定也能順利完成。」

③ 請教同事也是一種讚美方式

除了直接用語言誇讚,讚美也可以在行動中展現出來。向他人請教,其實也是對他人能力的肯定。可以嘗試這樣表達:

「小張,我剛才聽小方說,你上次那個方案主管通過了?這也太厲害了!主管很少通過這類專案,你是怎麼做到的?讓我們學習一下吧!」

人人都喜歡被讚美

「啊,小王,剛才主管請你發言,好突然啊,都嚇死我了。你怎麼回答得這麼流暢,可以教教我你是怎麼做到的嗎?」

如果身邊同事的成績和進步能夠被我們看到、聽到,被讚美的每一個人都會心花怒放,我們也能獲得更好的人際關係。

(4) 讚美客戶,表達真誠,獲得信任

讚美的語言如果不夠真誠,往往會引起反感。尤其在面對客戶的時候,單純的場面話很難獲得客戶的信任。因此,讚美客戶需要抓住客戶的心理需要,給予他所渴望的讚美。

A國外交官拜訪B國,B國外交官見到A國外交官說:「您數次去我們的鄰國進行外交參訪,當時我們很嫉妒。現在您終於到我國來了,我們非常高興。我代表總理和外交部長向你們表示熱烈的歡迎。」當時A國外交官也表示,自己對於能來拜訪深感榮幸,願盡最大的努力推動兩國關係不斷向前發展。

B國外交官深諳讚美之道,適時適當地讚美了A國外交官,而且很真誠,使得這次會見雙方都非常高興。

與客戶打交道時,也要懂得適時地給予客戶所渴望的讚美。切記不要一味吹捧對方。如果不知道客戶關心什麼便毫無頭緒地讚美,會讓對方感受不舒服,也很難獲得客戶的信任。讚美需要換位思考,站在客戶的角度說話。例如:

當我們聽出客戶對自己孩子的學業感到自豪時,可以這樣說:「真羨慕您有個好孩子,您的教育方法肯定不錯,有時間一定要教教我啊。」

當我們聽出客戶對自己的事業發展感到滿意的時候,可以這樣說:「真的太佩服您了,沒想到您在創業初期如此艱難。您的公司能夠取得今天的成就,與您當時的堅持、策略眼光、使命感都有很大的關係。我要向您學習,跟您談話給了我很大的啟發和鼓勵。」

當我們聽出客戶談起自己擅長的興趣愛好時,可以這樣說:「真沒想到啊!王總您事業這麼成功,竟然還是一個極限運動愛好者。果然成就大事的人都很有勇氣和魄力。這樣的愛好既有挑戰性又可以鍛鍊身體,太棒了。」

好人緣需要好的讚美,恰當真誠的讚美,往往會讓我們獲得更多機會。因為大家都喜歡跟充滿陽光的人相處。不妨用讚美傳遞真誠,自己也能獲得一份愉快的工作和生活環境。

2. 朋友遇到困難,讚美可以給人力量

(1) 讚美朋友可以給他力量

著名演說家蕭伯納(George Bernard Shaw)年輕的時候非常膽小,連去鄰居家按門鈴都不敢。蕭伯納第一次受朋友之邀上臺演講時,膽小的他戰戰兢兢地起身說話,只敢小聲講

了一段，果不其然被所有人嘲笑了。他非常難過，而他的朋友真誠地對他說：「你的聲音真好聽，相信再大點聲會更美妙。」蕭伯納膽怯又害羞地看著朋友，朋友給予他一個鼓勵的微笑。

從此以後，蕭伯納不僅不再膽小，而且還在公共場合主動發言，大聲說話。每逢週末，蕭伯納都會積極地找尋機會當眾演講。即便別人覺得他講得不好，他也不理會。每次演講過後，他都會反思自己的不足，慢慢改進，不斷進步。

正是當初朋友的那一句讚美的話，給了蕭伯納力量，讓他勇於挑戰自己，最終成就了自己。在我們的生活中，如果朋友因為某事心情不好，我們也可以誇獎他在這件事之中好的表現，或者他的某個優點，進而鼓勵他，相信能給朋友很大的力量。

(2)讚美朋友的過往成就，幫他重拾自信

籃球明星巴特爾剛到 NBA 打球的時候，難以適應新環境，在球場上因為緊張而使投籃命中率不斷降低。所有人都感覺他的球技在退步，他也因此持續未得到球隊的重用。

巴特爾自己也十分沮喪，於是他的妻子德明和他一起回憶過去在中國打籃球時的優秀表現，並請 CBA 的老戰友打電話給他，誇讚巴特爾曾經在球場上的風采。就這樣，巴特爾在家人和朋友一次次的讚美中受到了莫大的鼓勵，重新振作

起來，繼續馳騁賽場。

當朋友身處困境，陷入迷茫，甚至已經喪失信心時，讚美可以幫他們恢復自信，重新振作起來，繼續前進。

(3) 讚美朋友不確定的事，讓他相信自己

小方最近剛升職為公司的部門主管，一上任就面臨一個難題，第一次部門聚餐就有人不想參與。小方非常不高興，甚至深深懷疑自己的管理能力。好朋友小文看出了小方的難過，跟他說：「我看到了你上任之後為大家做的一切，我覺得你做得非常好，你做到了前一任主管沒有做到的事情，大家都應該替你驕傲。他們現在看起來不配合，可能只是不太適應，並且他們並不清楚你的付出。今晚的聚餐正是一個好機會。」小方聽完後，心情馬上好了很多，立即在群組裡通知此次聚餐的重要性，鼓勵大家參與。當晚的聚餐非常順利，大家也都表示很喜歡小方這個新主管。

朋友之間的一句肯定與贊同，往往有意想不到的效果。多多鼓勵朋友，不吝讚美，就是給他們最大、最有效的支持。

3. 家人情緒不好，讚美有助於掌控情緒

(1) 給孩子一個讚美，懂比愛更重要

著名演說家卡內基，小時候非常頑皮，父親時常因為他的頑皮而生氣。在卡內基9歲的時候，父親續娶，也就是卡

內基的繼母。與繼母第一次見面時，卡內基的父親跟新婚妻子說：「這是我的兒子卡內基，妳一定要小心，他是一個很頑劣的男孩子，經常讓我頭疼，甚至一不留神就搞破壞。」

本來卡內基見到這個女人已經非常不高興，聽到父親這番話後就更生氣了，正想惡作劇的時候，繼母突然微笑著走到他面前，注視著他，然後跟卡內基的父親說：「你錯了，他一定不是最頑劣的男孩子，相反，他是最聰明的孩子，只是還沒找到能發揮他熱情的地方。」卡內基聽完這句話，突然流淚了，他沒有想到繼母竟然能理解他。

就是這一句話，使卡內基和繼母之間建立起了深厚的感情。繼母成了卡內基成就個人事業很重要的一個人，無論做什麼，繼母都會鼓勵支持他。

很多時候，一個真誠的讚美比任何獎勵都更能讓孩子感受到愛意，為他們的成長帶來巨大的啟發。

(2) 家人發脾氣的時候，用讚美滿足對方的需求

張老師是一位心理諮商師，有一家三口前來諮商孩子的學習壓力問題，然而這 3 個人在諮詢過程中不斷爭吵。

於是張老師打斷了他們，邀請他們一起玩一個遊戲——替花澆水。一家三口雖然疑惑，但還是同意了。

張老師：「但是我有一個要求，每個人都要澆水，並且每一次澆水時，都要讚美另外兩個人。而且，違心的讚美是無

■ Part2　會讚美：這樣誇，人人都喜歡你

效的，要具體地讚美出來。比如，對方擁有什麼能力、做過什麼事讓你覺得很佩服、很感激或者很開心。當一個人邊說邊澆完花之後，再換下一個人。那就先從母親開始吧。」

母親：「寶寶，我為你感到驕傲，你小時候有一次帶病參加學校的考試，沒想到竟然還考了全班第一名。孩子他爸，感謝你為了家裡付出了那麼多，若不是當年你為了改善家裡的生活，去國外工作了幾年，可能我們家現在的日子還是很清苦。」

母親說完之後，緊張的氣氛已經柔和了許多。

父親：「換我了。謝謝兒子，你的出生帶給我們家天大的快樂。我和你媽一直忙於工作，都忽略了家庭，直到你的出現，讓我們回歸家庭、享受家庭的歡樂。老婆，還記得那次孩子生病，妳幾乎一整周都沒怎麼睡覺，一直在醫院照顧孩子。妳辛苦了，那個時候我就想，一定要讓你們過上好日子。」

說到這裡，全家人已經開始哽咽。

孩子：「對不起爸爸媽媽，是我做得不夠好，我擔心考試考不好你們會不開心，我就不敢上學，不敢考試……」

說到這裡，全家人抱在一起痛哭起來。後面的事情非常順利，關於孩子學習的問題迎刃而解，孩子很快就去上學了，父母的關係也好轉許多。

當家人發脾氣時，切記不要相互指責，越是一味要求對

方做什麼，越沒辦法緩解彼此的情緒。不如深呼吸一下，平靜下來，想一想澆花的感覺，讚美對方值得欣賞或者讓我們感激的地方，這樣一來，很多事情自然就能夠順利解決了。

Part2　會讚美：這樣誇，人人都喜歡你

讚美有技巧，說到對方心坎裡

無論在生活還是工作中，我們總能發現有些人很會左右逢源，很受主管、同事、朋友的賞識。很多人都想具備這樣的能力，那你至少要學會一個絕招——讚美。善於讚美的人往往很有魅力，更受歡迎。因為會讚美的人往往能夠發現別人身上的優點，並且即時給予肯定。獲得了肯定、讚美等正面回饋時，內心自然非常開心，也會對給予讚美的人印象深刻。

1. 5 個讚美技巧，隨時隨地獲得好人緣

有時候我們想要讚美別人，卻不知道如何開口。與西方國家相比，東方人的表達相對來說更加委婉，不喜歡說和聽太過直接的話。這樣一來，對於誇獎有了更高的準則：我願意讚美，你也願意接受。在這裡推薦 3 種讚美的方式，讓大家不再為不知道怎麼誇獎他人而困擾。

要讓別人接受讚美，首先有一個重點一定要記住——讚美要小而美，不要大而空。大而空的讚美，給人的感覺往往是客套；小而美的讚美，才能讓別人感受到真誠。

方法一：對等法

對等讚美這種方式，在日常生活當中其實很常見。我們時常把未經專業訓練的人做得比較出色的事情，跟相關領域的專業人士做對比，讚美前者跟後者一樣專業，使前者感受到自己的能力得到了充分的認可，也感覺到對方是在真誠地讚美自己。

例如：

讚美別人菜做得好吃，可以這樣說：

「哇哦，這道菜做得太棒了，簡直跟大廚做的一樣，色香味俱全。」

讚美別人歌唱得好聽，可以這樣說：

「天啊，這歌唱得跟原唱一樣。」

讚美別人球打得好，可以這樣說：

「啊！這籃球打得跟專業運動員一樣好。」

注意：

在使用對等法時，不能將對等的對象太過於誇張化。比如讚美做菜的例子，如果將「簡直跟大廚做的一樣」變成「簡直跟米其林三星廚師做的一樣」，那就會帶來「誇張」的感覺。多一分誇張，就少一分真誠。

方法二：提問法

相較於對等法來說，提問法要更高級一點。提出一個問題，即使沒有準確的回答，但是對方已經聽出來自己被誇獎了。這種提問式的讚美，往往能夠獲得對方的會心一笑。

例如：

讚美別人菜做得好吃，可以這樣說：

「哎呀，我請教一下啊，你這道菜是做的還是買的？」

讚美別人歌唱得好聽，可以這樣說：

「咦？是不是開導唱了？」

讚美別人球打得好，可以這樣說：

「你以前是不是專業球隊的？」

注意：

在使用提問法的時候，儘量不要提開放式問題，比如，在讚美別人菜做得好吃時，一般人第一個想到的問題就是：「這道菜怎麼做的？」這個問題對於被讚美人來說其實有一些複雜。我想大家在生活中一定遇過類似的情況，當我們提出「這道菜怎麼做的」這種問題時，若對方詳細講解菜的做法，不一定是我們想要的，大部分時候我們就是想誇獎一下對方而已。所以在使用提問法誇人的時候，我們要盡可能問一些封閉式的問題，比如只需要回答是或否的問題。

方法三：建議法

　　一般而言，提建議很容易讓人不舒服，但如果我們另闢蹊徑，透過提建議來表達讚美，或許會有出乎意料的效果。具體怎麼做會比較好呢？

　　例如：

　　讚美別人菜做得好吃，可以這樣說：

　　「哎呀，這道菜太好吃了，你要是不想做現在的工作了，就開個菜館，一定大紅大紫！」

　　讚美別人歌唱得好聽，可以這樣說：

　　「你歌唱得也太好聽了吧，可以去參加唱歌比賽了啊！」

　　讚美別人球打得好，可以這樣說：

　　「哎呀，我建議你去參加專業比賽吧！」

　　注意：

　　使用建議法的時候，一定要建議一件比現在這件事情更厲害的事。比如，讚美別人歌唱得好聽，如果對方現在只是自娛自樂，就可以建議他去參加比賽；如果對方有一定的基礎，就可以建議他去參加更專業的比賽……關鍵是要讓對方領會到他有超出目前水準的實力。

方法四：對比法

對比法是運用兩個事物或者兩個群體的對比，來讚美一方的優勢。簡單來說，就是抬高一方，貶低一方。

例如：

讚美別人能力強，可以這樣說：

「您是我從小到大見過的老師之中，講得最幽默風趣的一位。我很喜歡您的風格。」

讚美觀眾熱情，可以這樣說：

「上海的朋友們，你們好。你們是我見過最熱情的夥伴！」

注意：

對比法的應用場景相對來說比較多，也比較好上手，但一定要注意的是，在使用對比法的過程中，不要對比得太具體，否則就會讓人有一種人身攻擊的感覺。比如讚美老師的例子，如果我們這樣對比就不是很好：「李老師，我覺得您的課講得實在太好了，比張三老師講得好多啦。」出現了具體某人的名字，如果傳到對方的耳朵裡就會變得很尷尬。為了避免這樣的情況，還是不要進行這樣具體的對比，只需要在整體層面進行對比就好了。

同時，對比法與對等法有一定的區別。對比法是雙方對比，有一方具有明顯優勢。而對等法是將不專業的與專業的相比較，形容一種專業效果，進而達到讚美的目的。

方法五：價值讚美法

談價值的方式在職場中非常常見，凸顯對方在自己心目中的位置，營造一種「只有你值得」的感覺，讓對方覺得自己的存在特別有價值。

例如：

讚美別人值得，可以這樣說：

「老師，我特地每天開兩個小時的車，就為了能夠來聽您的課，我實在是太喜歡您的授課風格了。」

「老王，我把我珍藏 20 年的普洱茶拿出來給你嘗嘗，別人來我這裡，都沒這待遇。」

注意：

在價值法使用的過程中，也不能出現具體的人名。比如說：「老王，我把我珍藏 20 年的普洱茶拿出來給你嘗嘗，上次小李來我這裡，都沒這待遇。」

這樣直接說出人名，雖然不至於引起這兩個人的紛爭，但會帶給人不舒服的感覺，所以需要特別注意。

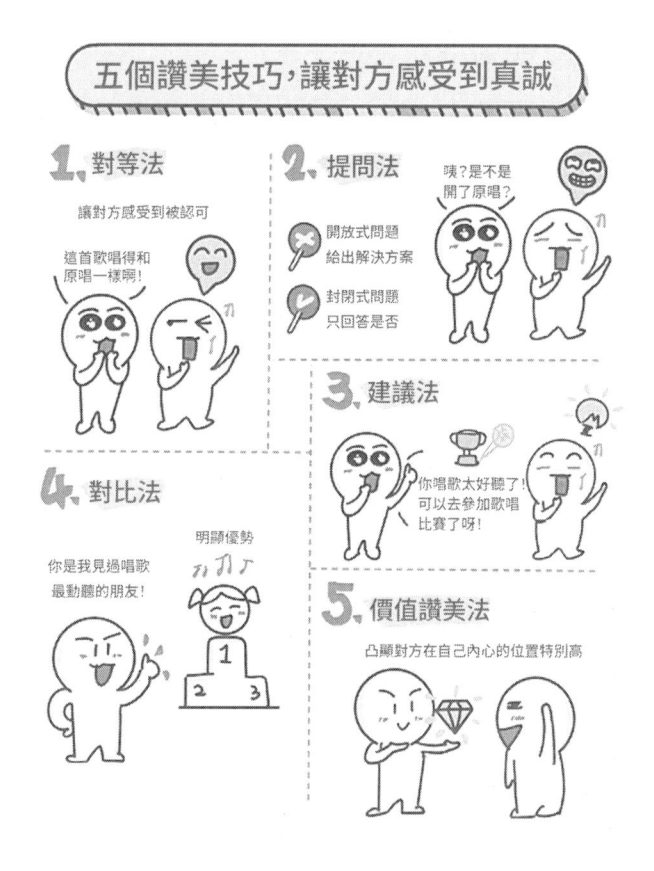

■ Part2　會讚美：這樣誇，人人都喜歡你

五個讚美技巧，讓對方感受到真誠

1. 對等法
讓對方感受到被認可
這首歌唱得和原唱一樣啊！

2. 提問法
開放式問題　給出解決方案
封閉式問題　只回答是否
咦？是不是聽了原唱？

3. 建議法
你唱歌太好聽了！可以去參加歌唱比賽了呀！

4. 對比法
你是我見過唱歌最動聽的朋友！
明顯優勢

5. 價值讚美法
凸顯對方在自己內心的位置特別高

2. 自嘲，是一種高級的讚美

在眾多讚美技巧中，有一種技巧幾乎是所有情商高的人都會採用的方式——自嘲。上文中曾提到自嘲這種方法，本節將更詳細地講述其魅力。

嘲笑自己的人，並不是在貶低自己，反之，自嘲是一種內心強大的表現。嘲笑自己會帶給人自謙的感覺，往往因而

更受人歡迎。學會自嘲是一種高情商的展現，同時，抬高別人、貶低自己，也是一種「高級」的讚美方式。我們應該如何運用自嘲呢？可以採用以下兩種方式。

(1) 用自嘲獲得別人的尊重與敬佩

著名演說家蕭伯納在一次演講中，嘲笑自己做過的一件蠢事。

有一次，蕭伯納從蘇聯訪問歸來後說：「我自命不凡，卻受到了一個小女孩的教訓。」

他說：「有一天，我在街上遇見了一位蘇聯小女孩，她很討人喜歡，我便跟她玩了很久。臨別時，我和她說：『回去告訴妳媽媽，今天陪妳玩耍的是世界知名的蕭伯納。』可是那個小女孩竟然學著我的口吻說：『回去告訴你媽媽，說今天陪你玩的人是蘇聯女孩瑪莎。』」

臺下觀眾聽到了這番話，都忍不住哈哈大笑。蕭伯納接著說：「我想，在座的各位一定不會跟我一樣，做出這麼愚蠢的事情了。不論自己的名氣有多大，永遠要記住，這個世界上不是所有人都認識你！」

對於蕭伯納本人而言，這件小事讓他知道，人無論有多大的成就，都要保持謙虛。對於在場觀眾而言，在舞臺上勇於自嘲的蕭伯納更值得尊重和敬佩，同時，也間接捧高了臺下觀眾。

我們總羞於將自己的蠢事說出來。但當我們可以坦然說出自己做的蠢事，在博眾人一笑的同時，我們既能獲得別人的認可，也可以彰顯自己的格局之大。

(2) 用自嘲來回應別人的抨擊

作家伊莉莎白・吉兒伯特（Elizabeth Gilbert）於 2006 年出版的高人氣自傳小說《享受吧！一個人的旅行》（*Eat, Pray, Love*）風靡全球，並被改編成電影，由影后茱莉亞・羅勃茲（Julia Roberts）主演。然而，電影總票房並不高，反應也不好。但作者伊莉莎白・吉兒伯特並沒有在意那些犀利的評論。2010 年，伊莉莎白・吉兒伯特再出新作，在新書發表會上，她主動開起上一本書的玩笑：「《享受吧！一個人的旅行》就像一顆手榴彈，我把它丟給了全世界。我想不管電影怎麼樣，大家都可以好好發洩出來，然後開始新的生活了。事實也是如此。我相信此時此刻面對全新生活的你們，一定也不再受到之前的情緒所影響了。」

在生活中，我們的某些想法和做法難免會受到別人的抨擊。很多人面對他人批評指責時會特別難過、心情複雜，但其實並不值得如此，這些想法和做法只是我們一時之間看待世界的看法而已，我們都會成長。伊莉莎白・吉兒伯特深深地明白這個道理，所以她並不在意，反而主動提起那段「黑歷史」，並且在最後誇獎了讀者和觀眾，她一定是大度不計較

過去的人。用自嘲的方式進行反擊和讚美，更是一種高情商的展現。我們越坦誠，就越能夠得到別人的認可和贊同。

筆者曾在社群網路上寫過一些自己的小觀點，被網友冷嘲熱諷。當有朋友問起的時候，我都會微笑著回答：「我自己現在看了這篇短文，也覺得當時自己的想法過於情緒化。感謝這些嘲諷我的人，如果沒有他們，這篇短文無法超過 10 萬的點閱次數。」

3. 提建議，巧用讚美輕鬆說服

上文 5 種誇讚人的技巧中也曾提到，無論是生活還是工作，無論是向別人提建議，還是別人對我們提建議，方式過於直接的話，總會給人不舒服的感覺。但是，身為朋友、同事或者家人，我們又希望對方更好，希望對方透過自我調整和改進變得更加優秀，所以即使對方不愛聽，也不得不向對方提建議。如何提建議能夠讓對方的接受度更高呢？不妨試試先揚後抑的方式。

簡單來說，就是先讚揚和抬高對方，之後再提建議。

例如，在某綜藝節目上，脫口秀演員李誕就運用了先揚後抑的方式，向知名導演王晶提建議。

「王晶導演確實厲害，參與製作過將近 400 部電影，很多人一輩子都沒看過這麼多電影。如果你看了王晶參與的 400

> Part2　會讚美：這樣誇，人人都喜歡你

部電影，你就會發現，這大概是 4 部電影和它們的翻拍。勸王導以後就在電影開頭寫提示，本故事純屬虛構，如有雷同，巧了，都是我拍的。」

李誕的這段話前面的鋪陳部分，就是先「揚」，誇獎王晶非常優秀，「參與製作過將近 400 部電影，很多人一輩子都沒看過這麼多電影」。然後再「抑」，「這 400 部電影大概就是 4 部電影和它們的翻拍」，沒有直接建議王晶導演不要再拍這種電影了，而是用了這種先讚美再建議的方式，比較讓人容易接受。

需要注意的是，綜藝節目上的對話，通常是為了節目效果，與實際生活還是有些區別的。但用誇獎來提建議的方式確實值得運用。

我們在生活中可以嘗試這樣運用。

比如，主管開會時精力旺盛，從下午 2 點一直開到晚上 8 點，沒有結束的意思。大家其實都很累了，但是沒有人敢說。

這時候，如果我們想表達真實的想法，建議主管休息一下，但又不能直接說「主管，沒有人想聽了，快結束吧」。

如果我們嘗試用「先揚後抑」的方法，就可以說：「主管體力真好，開了這麼久的會還是精神飽滿，不像我們，學了這麼多，腦子就已經轉不動了。不知可不可以麻煩主管照顧

一下我們這些腦子笨的人,先休息一下?」

再比如,有個朋友特別能言善道,每次他說話別人都沒有插嘴的機會,我們可以這樣說:「你是我們所有人當中口才最好的,最能言善辯的一個了。在我們這裡你太委屈了,要不要考慮上一下綜藝節目,說不定會大紅大紫!」

需要注意的是,在使用這種方法的時候,切記不要陰陽怪氣,否則會讓別人有一種被諷刺的感覺。

所有表達都要基於真誠,才能發揮真正的作用。

■ Part2　會讚美：這樣誇，人人都喜歡你

讚美要適度，誇人要恰到好處

　　哥爾多尼（Carlo Osvaldo Goldoni）說過：「過分的讚美會變成阿諛。」讚美可以獲得好人緣，愛讚美的人也更受歡迎，但讚美切忌浮誇。不用心的客套話人人都會說，過度的讚美不僅沒有好效果，反而會破壞關係。只有用心、坦誠、恰到好處的讚美，才能夠打動人心。

1. 真誠的讚美，才能打動人心

　　有一次，漢高祖劉邦與韓信談論各自帶兵的才能誰高誰低。劉邦問：「你看我能指揮多少兵馬？」韓信回答：「皇上最多能指揮十萬兵馬。」劉邦又問：「那你能指揮多少呢？」韓信非常自信地回答：「我當然越多越好。」劉邦笑道：「既然你帶兵的本領比我大，為什麼為我所用呢？」韓信非常誠懇地說：「皇上雖然不善於指揮兵馬，但善於駕馭將才能人為皇上效力，這就是我為皇上所用的原因。」劉邦微笑著點了點頭。

　　韓信的讚美恰到好處，並沒有誇大其詞，一味地吹捧劉邦的帶兵能力，而是實事求是地誇獎了劉邦的管理能力。所以，劉邦也很開心，管理好一個能人勝過管理千軍萬馬。

讚美要適度，誇人要恰到好處

除了實事求是之外，真誠的讚美還可以是誇獎對方的努力過程。

小王是業務部剛入職不到兩個月的實習員工，因為工作努力，業績很好，所以還沒過 3 個月的實習期，就被直接轉正。小王本來很開心，卻在上廁所的時候，無意間聽到同事在議論他這麼快轉正是不是走了後門。於是小王的心情一落千丈，越來越無心工作了。

小王的師父老張好像看出了小王的顧慮，跟他說：「你真的很棒，很努力，我親眼看見你為了談成訂單，一遍一遍地電話連繫拒絕你的客戶，甚至很早就跑到了客戶公司樓下等他，為他服務。這件事直到客戶打電話給公司，向主管讚揚你，我們才知道。我們公司從來沒有提前轉正這種情況，你是第一個，你為大家立了一個好榜樣。我覺得你還能再創奇蹟。」

小王聽完淚流滿面，第二天重整旗鼓，繼續努力工作。

這個時代越來越重視結果、效率，往往忽略了過程。當我們讚美他人的努力過程時，能夠很容易地觸動他人，比誇獎結果更有效。

2. 讚美有內涵，才能不露聲色

有的時候，我們誇獎身分地位比較高的人或有學識的人，我們更希望自己的誇獎有內涵、有深度，才能讓對方感

083

覺到我們是在真心誠意地誇獎他們。

之前有個年輕人聽說送「高帽」可以獲得別人的欣賞，於是決心一定要送出去100頂高帽子。當他送出去99頂，還剩一頂送不出去的時候。他跟自己的老師說起了這件事情：「高帽子確實有很好的效果，很多人都記住我了，但是我還剩下一頂送不出去怎麼辦啊？」老師：「哈哈，那我覺得你送不出去了，因為我是絕對不會接受你這種方式的，對什麼樣的高帽子我都『免疫』。」年輕人：「是啊，老師。畢竟天底下像您這樣既有智慧，又有想法，又正直的人實在是太少了啊。」老師聽完之後，微笑著點了點頭。年輕人心想：「100頂帽子送完啦。」

對於有內涵或者身分地位相對較高的人來說，簡單的讚美和浮誇的讚美都不能夠打動他們。讚美他們的人品，給他們一頂「高帽子」，對他們表示誠懇的尊重和讚賞，才能真正打動他們。

對於這類對普通讚美沒有興趣的人來說，我們表達讚美就更需要一些技巧了。

(1) 讚美要適度

前文說的讚美要真誠，這裡也要特別注意。真誠意味著單純的動機，讚美的時候不要有所企圖。只有適度而不誇張的讚美才是真誠的。

(2) 讚美要以化解衝突為目的

比如雙方觀點不一致的時候，可以用讚美的方式化解衝突，促進溝通和理解。

(3) 讚美要有新意

對於普通讚美沒有興趣的人，如果只是用常見的方式去誇讚他，通常是沒有什麼效果的。但是如果你能出其不意地讚美，就像上面案例中的年輕人讚美老師一樣，被讚美者就會不自覺地接受並感到開心。

(4) 讚美要有理有據

讚美的時候一定要具體說明讚美他人的原因是什麼，做到有理有據，這樣別人才更願意接受讚美。反之，浮誇空泛的讚美通常會讓人產生反感。

3. 讚美因人而異，才能深入人心

當我們學會了以上方法後，還要注意，誇人的時候一定要「因人而異」。我相信很多男生很有感觸，明明前一秒誇一個女生「真漂亮」時，這個女生是心花怒放的，但下一秒誇另外一個女生「真漂亮」後，卻遭到了白眼。這很有可能是因為我們沒有因人而異地誇獎，也就是誇人要誇到心坎裡。

我們無法讓相同的誇獎在所有人身上奏效，這主要是因

為人和人本身就是不一樣的。下面就讓我們來簡單了解一下，不同的人可以具體表現為哪幾種，我們又該怎樣誇到對方的心坎裡。

具體需要注意以下兩點。

(1) 4 種不同性格的人，有不同的關注點

不同性格的人關注點不同，有針對性的誇獎可以達到事半功倍的效果。這就不得不提 DISC 性格理論。DISC 性格理論是一種「人類行為語言」，最早由美國心理學家威廉・莫爾頓・馬斯頓（William Moulton Marston）在《常人之情緒：DISC 理論原型》(Emotions of Normal People) 書中提出。DISC 性格理論主要把人的性格分為 D、I、S、C 4 種。

D（Dominance）：支配型（指揮者）

更加在乎結果、效率、目標、身分、地位等。對於任何誇獎都毫不在意。如果 D 型的人恰好是主管，隨意的誇獎會被認為是在拍馬屁，而且還容易拍到「馬蹄子」上，甚至他還可能認為你是工作量不夠飽和，閒著沒事做。

I（Influence）：影響型（社交者）

更在乎好氣氛、好感覺，更喜歡被關注。對於任何誇獎他們都會非常開心，而且喜形於色。他們的人生哲理可以歸結為一句話：開心就好。所以，I 型的人既樂於誇獎別人，給別人帶來快樂，也非常喜歡得到別人對自己的認可和誇獎。

S（Steadiness）：穩健型（支持者）

　　為人比較隨和，善於傾聽，性格偏內向，比較害羞，比較注重家庭。對於誇獎他們也會喜歡，但是因為性格偏內向的因素，所以他們在突然聽到誇獎時會比較害羞，但內心是開心的，只是羞於表露。

　　C（Compliance）：服從型（思考者）

　　思考比較多，做事比較嚴謹、有條不紊、追求完美，在乎事超過在乎人。誇獎C型的人時，不要敷衍地誇獎，如果只是一句「妳今天真漂亮」，她們會想很多：難道我昨天不漂亮？為什麼今天誇我？是不是有事求我？

(2) 對於不同性格的人的誇獎，要有不同的關注點

　　對D型族群來說，誇獎其漂亮不如誇獎其能力和影響力。因為能力和影響力都跟目標和地位有關，也是D型人很關心的問題。

　　誇I型人並不難，在他們的世界裡，只要被誇獎就是開心的。

　　誇S型人要委婉，因為他們比較害羞，太過直接的誇獎有時會「嚇到」他們，有鋪陳的表達會更容易讓他們接受。

　　誇C型人要注意細節，如果誇得不夠具體，邏輯不夠通順，很容易讓C型人誤會，所以誇C型人的時候要有理、有據、有過程，甚至有數據，這樣才能讓他們信服。

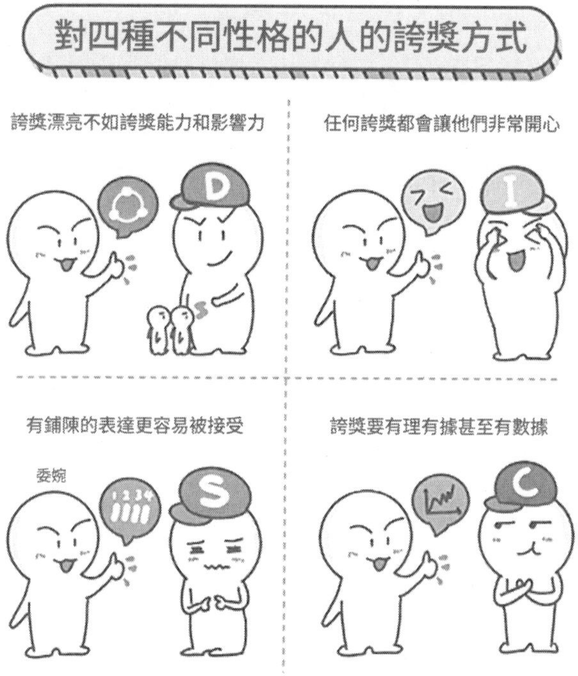

■ Part2　會讚美：這樣誇，人人都喜歡你

對四種不同性格的人的誇獎方式

誇獎漂亮不如誇獎能力和影響力 (D)	任何誇獎都會讓他們非常開心 (I)
有鋪陳的表達更容易被接受　委婉 (S)	誇獎要有理有據甚至有數據 (C)

Part3　會幽默：
有趣的靈魂，
和任何人都聊得來

Part3　會幽默：有趣的靈魂，和任何人都聊得來

幽默的人通常更受歡迎，因為友善的幽默能傳遞真誠和友愛，拉近人與人之間的距離。

有一次，蕭伯納走在路上，被一個騎腳踏車的人撞倒了，幸好沒有受傷。騎車的人扶起他後不斷道歉，蕭伯納用惋惜的口吻說：「先生，你的運氣真不好，要是把我撞死了，你就可以名揚四海了！」幽默的蕭伯納用一句話就化解了對方的緊張，傳遞出自己的友愛和寬容，兩個人後來也成了好朋友。

林語堂在《論幽默》中闡述了一個觀點，真正幽默的人，能自嘲，有智慧，具有憐憫之心。幽默的人通常有比較高的同理心，因此他們的人際交往能力通常比較好。

幽默不僅能讓我們贏得更多好人緣，使溝通更順暢，還能幫助我們在職場中獲得更多的機會。因此，學會幽默百利而無一害。

本章透過幽默的人都有同理心、幽默的技巧和用幽默化解尷尬三方面，來幫我們認識幽默在生活及職場中的重要作用，同時詳細解讀恰當的幽默技巧，以便我們能在各種場合中靈活運用幽默溝通法。

你是否羨慕身邊那些出口就能逗笑旁人的人？與其羨慕，不如把自己變成那樣的人吧！幽默是提升自己的溝通能力，也是理解他人、和他人交往有利的工具之一。

幽默的人都有同理心

　　莎士比亞曾說，幽默和風趣是智慧的閃現。其實幽默的人，之所以能夠讓他人會心一笑，主要是因為他們能夠站在他人的立場上去思考問題，這是一種同理心的展現。恰當的幽默不僅可以讓本來愉悅的氣氛錦上添花，還能幫我們避免冷場，打破尷尬氣氛。因此，在這個社會上，成為一個幽默的人，培養有趣的靈魂，通常可以讓我們獲得更多人的喜歡。

1. 說話太過耿直？幽默感幫你說話更得體

　　在我們的生活中總有些人說話過於耿直，他們通常不懂幽默，有的時候甚至連別人的玩笑也聽不懂，經常讓身邊的氣氛變得尷尬。

　　木木是大家公認的說話太過直接的人。有一次，同事小王買了一個高級仿冒包回來，到處跟同事說：「你看我這個皮包，仿冒的材質跟真的沒什麼兩樣，價格非常便宜，才 2,000 元，你看怎麼樣？」大家都誇小王買的皮包物美價廉，會買東西，而且說皮包的顏色跟她當天的穿著很搭配。當小王問到木木的時候，木木這樣回答：「皮包是挺好看的，價格其實也沒有那麼便宜，我前兩天路過一間店，看到一個皮包跟妳

■ Part3　會幽默：有趣的靈魂，和任何人都聊得來

這個一模一樣，才賣 800 元。」小王聽後，瞬間就不想說話了。這個時候張華出來解圍：「哇，小王，妳背這個皮包真合適，妳不說我真的沒看出來這是個高級仿冒品，我一直以為是真貨呢。我剛想說有錢人不得了，都買大牌子的皮包。」

木木看到價格更低的皮包是一個事實，但是她在小王展示自己物美價廉的皮包時直接說出來，未免有些太過直接。其他的同事也有可能看到過價格更低、材質更好的皮包，但是她們都不會選擇在這種情況下將實際情況告訴小王。因為這本來就不是一件大事，而且小王正開心，在開心的情緒中她更需要別人的認可。像木木這種直接的表現，在這種情況下反而造成了負面效果。而張華用「有錢人不得了」這樣的小幽默順利地解圍，避免了一次「辦公室風波」。

要成為一個幽默的人，首先要知道什麼是幽默感。幽默感是一種特殊的情緒表態，建立在親切感、人性化的基礎上。通常來說，富有幽默感的人都富有同理心。幽默是有一定條件的，它需要同時與人性、幽默對象的性格和特定場合相互搭配。

有些人會對幽默感有誤解，認為幽默感就是講笑話。我們在生活中或許會遇到這樣的場景，同一段話，綜藝節目上講完我們會哈哈大笑，覺得很幽默，但是某個朋友講完，我們卻覺得很尷尬。幽默失敗的原因有很多，比如這個笑話是否符合當下的場景，是否適合當下講述的這個人，聽的人是否聽得懂。

由此來看，幽默感本質上無法完全複製，因為它要符合當下個人的性格和場合，這些都是變數。幽默感不能單單被理解為講個笑話，而應該是一個人從內而外散發出來的快樂情緒，是一種符合當下場景、性格、人群的幽默表現形式。

2. 冷場？幽默誇人法幫你打破沉默

在第二章裡，我們講到了會讚美的人擁有好人緣，而讚美結合幽默，更能讓效果加倍。通常幽默的人誇起人來不會顯得刻意，並且他們善於站在別人的角度思考問題，更讓人開心。下面介紹3種幽默誇獎法，幫助大家在遇到冷場的情況下，快速「破冰」。

(1) 遞進式幽默誇獎法

當我們被別人幫助後想要表示感謝，通常我們只是簡單地表達：「謝謝你啊，太感謝了。」這樣的表達很常見，也沒有問題，不過別人的記憶可能就沒有那麼深刻。不妨試試遞進式的幽默誇獎法，你可以嘗試這樣說：「你長得好看也就算了，人還這麼好，幫了我的大忙，太感謝了。」這樣的幽默式誇獎會博得對方一笑，不僅僅誇了對方的長相，也感謝了對方對自己的幫助。

(2) 增強式幽默誇獎

平時早上看到了同事，我們都是簡單地說聲：「早。」其

■ Part3　會幽默：有趣的靈魂，和任何人都聊得來

實，早上見到同事除了打招呼之外，還可以誇獎一句：「早，妳今天真漂亮。」同事的心情就會很好，如果再使用增強式幽默法來誇獎呢？可以嘗試這樣說：「妳今天真漂亮，果然長得好看，怎麼打扮都好看。」那位同事可能不僅僅是開心，且對你更有好感了，畢竟這樣的誇獎很難不讓人喜歡。

三種誇人方法幫你打破沉默

(3) 自嘲式幽默誇獎

　　身為上司，因為工作關係，難免讓下屬覺得在面對我們時有些壓力，不妨在下屬出色地完成任務時給予誇獎。有的上司可能這麼說：「做得不錯，繼續努力！」這樣的誇獎雖然沒什麼問題，但是容易導致下屬產生緊張的感覺。不妨試試自嘲式幽默誇獎，比如：「這件事我要你模仿著做，沒叫你超越啊，這次做得真不錯！」如此一來下屬在得到肯定的同時，心情也會更輕鬆。

幽默的人都有同理心

有人問，身為主管，這樣自嘲會不會太丟面子？不會的，越是身分地位高的人使用自嘲的方式，越容易給人親近感，反而會讓別人更加尊敬，因為此時的自嘲展現出來的是一種謙虛。

3. 有人說錯話？一句話幽默解圍

在人際交往時，人難免有說錯話的時候。可能說話者本人剛說出口就發現不對了，但又不知道怎麼挽回，這個時候我們可以利用幽默的方式幫對方解圍。面帶微笑的幽默，往往勝過費力的解釋。

有位著名女演員和丈夫舉辦敬老晚宴，當時年屆九十的齊白石也在保母的陪同下來到了晚宴現場。齊白石坐下後，就拉著女演員的手慈愛地端詳著。旁邊的保母不好意思地對齊白石說：「您總盯著人家女士看什麼呀？」保母一說完就知道自己說錯話了，氣氛一度尷尬。

這時女演員笑著對齊白石說：「您看吧，我是個演員，不怕看，就是給別人看的。」這句話一出，在場的所有人都笑了，氣氛一下子就好了起來。

之所以會陷入這種尷尬的氣氛，是因為保母在這種場合下說這句話並不合適，對於這種無心之失，只需要一句幽默的話就可以解圍。

幽默的話語不僅僅可以為他人解圍，還可以為自己解圍。

一群老同學聚會，大林問女同學小美：「見到妳實在是太高興了，妳老公還好吧？」

小美回答：「我還沒結婚呢！」

大林接著淡定地說：「我懂了，妳老公還沒娶妳呢！」

有的時候聊到彼此的情感生活，比如上文中的情景，經常會出現兩種情況，一種是刨根問底，會讓當事人很不舒服，甚至不歡而散。另一種是熱心腸，想要替對方介紹對象，但當事人也不一定開心。所以，用幽默的方式回覆：「妳老公還沒娶妳呢！」一句帶過，切換話題，順利地解決問題。

在這種別人或自己說錯話的情況下，保持清醒的頭腦，用輕鬆的話語來調節氣氛，展現個人魅力，人際關係也能因此而更好。

在日常生活中，我們缺乏幽默感的原因有很多，很大的原因在於，我們不能以輕鬆的心態面對窘境，遇到別人或自己說錯話的情況，我們自己先緊張起來，無法迅速轉換邏輯，幫對方或自己解圍。因此，我們在遇到有人說錯話的情況時，首先應保持心態平穩，才能去考慮幽默的解決方式，但前提是我們要懂得一些幽默技巧，在下一節，我將為大家進行詳細的講解。

一學就會的幽默技巧

當我們慢慢學會同理,並找到自己的幽默感後,再學習一些幽默小技巧,我們就會逐漸成為別人口中「情商高」的人了。幽默技巧並不難,只要我們願意學,願意練習,通常一學就會。

1.「出其不意」幽默法,提升你的說話魅力

出其不意是幽默感的基本要求之一,即不按牌理出牌,當大家反應過來時,就會露出會心一笑,達到幽默的目的。

科幻小說《三體》的作者劉慈欣在接受採訪的時候,就運用了出其不意的幽默方式,讓更多人知道他不僅僅是一個科幻小說作家,還是一個幽默大師。

有人問劉慈欣:「科幻與科學究竟是什麼關係?」

他回答:「科幻和科學是一對『死黨』,科幻的發展一定離不開現代科技的進步,科學技術是我們科幻作家的衣食父母,給了我們這碗飯吃。我們的故事就是從科學和技術中挖掘的。」

又有人接著問:「您怎麼理解人工智慧?」

■ Part3　會幽默：有趣的靈魂，和任何人都聊得來

　　劉慈欣說：「Google 的 AlphaGo 贏了柯潔，這個算不上是什麼人工智慧，這是理所應當的，因為這是 AlphaGo 擅長的。真正的人工智慧是什麼？並不是贏柯潔，而是當它贏不了柯潔的時候，非常憤怒地拿起棋盤向柯潔臉上砸去，這才是人工智慧！」臺下觀眾聽完之後笑成一片。

　　無論是「死黨」，還是 AlphaGo 的「惱羞成怒」，都令所有人出乎意料，大家並沒有猜到劉慈欣會說出這樣的答案。而這種出其不意又顯得很合乎情理，所以大家都很開心地笑了，也覺得劉慈欣很幽默。

　　「出其不意」這種方法在我們日常生活中也有很多運用，有的時候，一句簡單的話就可以達到這樣的效果。

　　當別人站在我們身邊顯得很緊張的時候，我們可以這樣說：「別緊張，不用怕，我也不是什麼壞人。但我壞起來不是人。」有助於緩解當事人的緊張。

　　當別人嘲笑我們沒有成功的時候，我們可以嘗試這樣說：「那是因為我通往成功的路，一直在施工。」

　　就像前面提到的，幽默需要特定的條件，只有符合當時的語境，符合當時人群的幽默，才能發揮它的作用，否則可能會讓人以為那是諷刺，就得不償失了。

2.「重新定義」幽默法,提升個人感染力

某位知名相聲演員曾說:「現代人講究快,什麼事情都希望快。就連相聲都恨不得一分鐘就聽完,所以現代人喜歡的笑話也很短。」這在幽默方法上同樣適用,一般而言,幽默的表達都很簡單,只需幾句話就能達到效果,具體有以下這幾種方式。

(1)「引起好奇」

「你一個月賺多少錢啊?」

「我一個月賺 120 萬。」

「你是做什麼的?」

「我做夢的。」

這個小笑話的幽默形式叫「引起好奇」,當大家聽到「120 萬」的薪資時,一定很好奇到底是什麼工作能夠賺這麼多錢,而最後「做夢」的回答則既出乎意料又在情理之中。在日常生活中,如果我們遇到不熟悉的人打聽薪資情況,而自己不願意透露時,可以試著用幽默的方式來解圍。

(2)「牛頭不對馬嘴」

「幾點了?」

「9、800 點了。」

「我問什麼時候?」

■ Part3　會幽默：有趣的靈魂，和任何人都聊得來

「昨天晚上跌的時候。」

「你出去吧。」

「出不去了，全被套牢了。」

這個小笑話用的幽默技巧叫「牛頭不對馬嘴」。兩個人的對話全程雞同鴨講，荒誕有趣。當我們遇到不想回答的問題時，就可以用這種方式來化解尷尬。

(3)「重新定義」

有一次，國畫大師張大千和京劇大師梅蘭芳共同參加宴會，張大千走向梅蘭芳敬酒說：「您是君子，我是小人，我敬您一杯。」眾人非常疑惑。張大千不慌不忙地笑著說：「君子動口不動手，小人動手不動口。您唱戲動口自然是君子，我畫畫動手當然是小人。」大家聽完哈哈一笑。

這個故事所用的幽默技巧是「重新定義」，「君子」和「小人」被張大千重新定義，造成了幽默的效果。

3.8 個高情商聊天話術，瞬間提升幽默感

隨著科技社會的發展，我們的溝通交流時常是以線上溝通的方式進行。這種線上發送訊息的方式提供了更大的幽默空間，因為我們不需要像面對面溝通那樣即時做出回應，而且聊天時使用的文字形式也更豐富。

「在嗎？」

「睡了嗎？」

「我喜歡你。」

「你一個人嗎？」

「認識你很高興。」

我們經常會收到這樣的訊息，簡單的回應常常很刻板，容易讓人感到冷漠，但如果我們能變換一下想法，就可以瞬間提高情商。比如下面這 8 個聊天案例可供參考。

(1)

「在嗎？」

「你先說什麼事吧，我再決定在不在。」

(2)

「我喜歡你。」

「你眼光真好，我也非常喜歡我自己。」

(3)

「你一個人嗎？」

「我怕我說半個人會嚇死你。」

(4)

當別人不理你的時候，你可以說：

「今天你對我愛理不理，明天我繼續找你。」

Part3　會幽默：有趣的靈魂，和任何人都聊得來

(5)

當對方快要生氣的時候，你可以說：

「你一定想罵我，可是你根本不了解我，了解我的朋友，此時此刻一定想打我。」

(6)

勸別人、給別人忠告的時候，比如勸別人騎機車時戴安全帽，你可以說：

「給各位騎機車的人一個忠告啊，騎車的時候一定要戴上安全帽，因為如果不戴，可能會被開特斯拉的同學認出來。」

(7)

當別人說你小氣的時候，你可以說：

「我已經不是那個花 20 塊錢都要考慮一下的人了，現在花 2 塊錢我都要好好考慮一下。」

(8)

當別人說你不會下廚的時候，你可以說：

「雖然我不會下廚，但是我會點外賣啊。」

幽默是化解尷尬的良藥

有人說：「幽默是生活波濤裡的救生圈。」沒錯，在一些普通的場合中，幽默是調味劑，讓平凡的生活多一分歡樂；在愉悅的氣氛中，幽默是包裝精美禮物的漂亮禮品盒，替快樂加大籌碼；在尷尬的場合中，幽默就是緩解氣氛的救生圈，將人從尷尬中解救出來。

1. 遇到尷尬的問題，巧用幽默化解矛盾

我們在生活和工作中難免會面對別人提出的一些尷尬問題，這些問題總是令人心生不快，難以理性回答。但幽默的人往往可以瞬間化解這類問題造成的尷尬。

演員黃渤在演藝圈中向來以高情商著稱。一次，黃渤和某位女明星一同接受採訪。女星說：「我之前合作的男星都是帥哥級別的，我跟你演夫妻，我就知道我要走向醜星的行列了。」

黃渤並沒有覺得難堪，而是自然地說：「那我跟妳合作，我就要走向帥哥的行列了。」這句話既化解了尷尬，又讚美了對方，一舉兩得。

還有一次，黃渤接受採訪，記者問：「黃渤老師，您認為高圓圓和林志玲誰更美？」

■ Part3　會幽默：有趣的靈魂，和任何人都聊得來

　　黃渤說：「平時聽到她們兩人任何一個人的名字，我都會有眩暈感。你現在一下子說了兩個人，我現在是重度眩暈。」

　　黃渤曾經參加綜藝節目，主持人問他：「你現在人氣很旺吧？」

　　黃渤說：「那當然，我都能坐在這裡跟你聊天了，還不旺嗎？」再一次巧妙地回答了這類一不留神就會造成尷尬的問題，同時又誇獎了對方。

　　面對這種尷尬的場面，我們首先需要一顆強大的內心，保持從容淡定，然後從對方的話中找到切入點，巧用幽默化解尷尬。

2. 被人誇獎，幽默回應有智慧

　　很多時候，當別人誇獎我們時，我們會覺得不好意思，不知道如何回應才能顯得大方得體。其實，如果我們懂得一點小幽默，就可以輕鬆應對。

　　當別人誇你「長得好看」時，你除了簡單回答「謝謝」之外，還可以這樣回答：「我就喜歡你一本正經地說實話。」「哪裡哪裡，隨便長長而已。」「相比這個，我更喜歡你的眼光。」「怪不得大家一直說你是最有眼光的人。」

　　當別人誇你「有能力」時，你可以這樣回答：「我們果然是英雄所見略同。」「人以群分，物以類聚，你們這麼優秀，

我肯定要追趕上你們啊。」

當別人誇你「人緣好」時，你可以這樣回答：「所以認識了你啊！」「有我這麼有人緣的朋友，你比我人緣更好。」

被人誇了不用不好意思，這裡總結了幾個方法，幫你幽默、自然地回應別人的誇獎。

(1) 接受誇獎

當別人誇讚你的時候，如果你認同對方誇讚的內容，那麼你可以表示接受，並且表達感謝之情。比如別人誇你今天穿得很好看。通常的回答是：「謝謝你的誇獎。」幽默一點的回答是：「那是你的觀察力和審美觀好。」

(2) 謙虛回應

東方人普遍具有謙虛的特質，通常被誇讚後，大家習慣於謙虛地回應：「哪裡哪裡，過獎了。」這種謙虛的態度通常能獲得他人的好感，不過謙虛也有更幽默的回應方式，比如當別人誇你五官長得好看時，你可以回答：「都是爸媽給的，要感謝他們。」

(3) 反過來誇讚對方

當別人誇你的時候，你在表達感謝的同時，可以反過來誇讚對方，比如誇對方溝通能力好等等，通常這樣的回應自帶幽默效果。

(4) 調侃式的回應

適度的調侃通常能讓氣氛變得更輕鬆。比如別人誇你優秀的時候，你可以調侃說：「是啊，要不然怎麼能認識你這麼優秀的朋友。」

3. 被人戳痛處，幽默應對有格局

有時候，朋友一句無心的話，比如「你變黑了」、「你胖了」等，戳中了我們的痛點，但是我們又不能因為一句話就翻臉，所以如果能用一句幽默的話帶過，就再好不過了。

當別人說：「你晒黑了。」你可以這樣回答：「哈哈，我故意晒黑的，因為我不想做一個膚淺的人。」「這你就不懂了吧，我黑是為了方便暗中觀察你。」「人到這個世界上走一遭，不能白活啊！」

當別人說：「你胖了啊！」你可以嘗試這樣回答：「唉，沒辦法，有錢的時候就是管不住嘴。」「唉，瘦下來就太完美了。」「減肥沒那麼容易呀，身上的每一塊肉都有它自己的想法。」

被人戳中痛處的時候，千萬要保持冷靜，想一下對方說這些話是不是無心的，如果是無心的，那麼就一笑而過，這樣對方意識到自己說錯話的時候，也不至於太尷尬。

除了微笑面對，還要調節自己的情緒，保持大度量，度

量大的人通常活得更舒適。

也可以選擇正面回應，比如幽默地說：「您才是厲害，做過那麼多厲害的事情，讓我學到不少東西。」

表示肯定，不管對方說什麼誇張的事情，都認同對方，不和對方爭執。這種情況下，通常不用多久，對方就會對發表戳人痛處的言論感到無聊，自然就會放棄這種作法。

記住，保持冷靜、微笑面對、面對問題、無條件贊同對方所說的話，做到這4點，我們就可以輕鬆應對他人戳到痛處的情況了。

被人誇獎，四種方式幽默回應

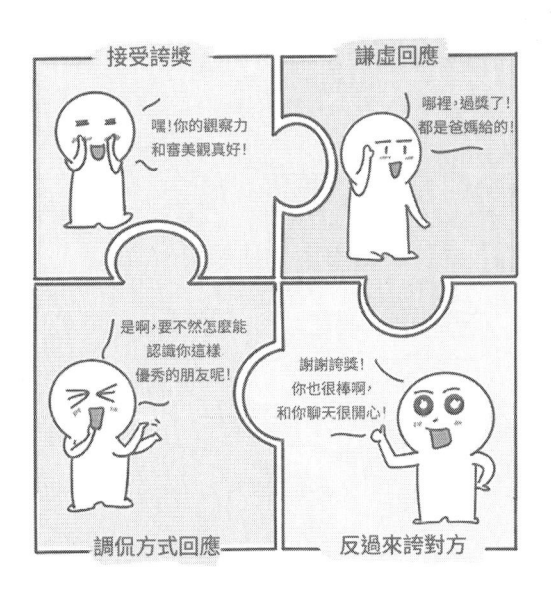

接受誇獎
喔！你的觀察力和審美觀真好！

謙虛回應
哪裡，過獎了！都是爸媽給的！

調侃方式回應
是啊，要不然怎麼能認識你這樣優秀的朋友呢！

反過來誇對方
謝謝誇獎！你也很棒啊，和你聊天很開心！

■ Part3　會幽默：有趣的靈魂，和任何人都聊得來

Part4　會拒絕：
學會說「不」，人生更自由

■ Part4　會拒絕：學會說「不」，人生更自由

　　你在生活中是否遇過這樣的狀況，明明別人提的是不合理的要求，或者自己不願做的事，自己卻不知道怎麼拒絕，總是委屈自己，勉強答應。我們不會拒絕的原因往往有兩點：拒絕後自己感到內疚，或者拒絕導致關係破裂。

　　但是，我們可能不知道，委屈自己去答應別人，通常不能促進關係的發展，甚至有可能讓關係失衡。

　　如果他人真的有困難需要幫忙，我們能力所及地給予幫助，可是碰到自己也沒辦法幫忙的事情時，就要學會巧妙地拒絕。學會說「不」也是有技巧的，不能讓別人覺得你完全沒有同情心，對你們之間的關係毫不在乎。

　　如何說「不」是一種溝通的智慧。當我們處理重大事情時，不能語意不清，應該明確說「不」；當朋友或同事真的需要幫忙而我們又無能為力時，就需要用合理的理由來拒絕他，甚至提出解決意見；當我們在人際交往中遇到違反自己原則的情境時，更需要藉助一些手段來拒絕。

　　本章透過敢拒絕、會拒絕和酒桌拒絕法3個方面，教我們在面對生活與職場中需要拒絕的場合時，該怎樣用正確的方法說「不」。

　　人不能無底線地善良，不能永遠是好脾氣，這樣並不能提高你在他人心中的分量，而且還很容易因為某一次的拒絕導致關係走向破裂。所以，做一個有原則的人，你的人際交往才會更輕鬆。

敢拒絕：掌握辦事分寸和尺度

無論在生活還是工作中，我們總擔心拒絕別人會留下不好的印象，所以出現很多迎合他人的「老好人」，但「老好人」並不一定真的受歡迎，有時候還容易成為「欺負」的對象。「老好人」因為不懂得拒絕別人，也不懂得如何正確維護自己的人際關係，常常讓自己陷入人際關係的困境中。實際上，做一個拿捏有度的人並不難，學會說「不」也並不會傷感情。

1. 拒絕是你的權利，兩招學會巧妙拒絕

在日常交往中，我們總會遇到一些自己不想做的事情，想拒絕又怕得罪人，那麼怎樣做才能巧妙地拒絕別人呢？不妨試試拖延戰術和成本戰術。

(1) 拖延戰術

拖延戰術的訣竅在於不直接當場拒絕，而在表達拒絕意思的同時留下餘地，給人一種想幫忙但是由於外在因素而無法幫忙的感覺。

楊浩總喜歡找別人幫忙，明明自己可以做的事，卻習慣了麻煩別人。有一次楊浩搬家，請朋友江生幫忙。

■ Part4　會拒絕：學會說「不」，人生更自由

楊浩：「兄弟，明天來幫我搬家吧。」

江生：「明天實在是太忙了，你明天什麼時候搬家？」

楊浩：「我明天上午搬家，大概 10 點吧。」

江生：「我上午開會，可能要開到晚上 6 點，那個時候行嗎？」

楊浩：「這麼晚啊，週末還上班，真不容易，算了，你忙吧。」

第二天晚上 6 點，江生打電話給楊浩：「兄弟，我下班了，你搬家了嗎？要不要我幫忙？」

楊浩：「我搬完啦，感謝呀，等過兩天家裡都弄好了，你過來一起聚聚。」

江生運用拖延戰術，讓楊浩感覺他沒有時間來幫自己搬家，但是晚上補打的電話又使楊浩感受到他的關心。這樣一來，既拒絕了人，又不會傷感情。所以，在不想幫忙的時候，有時我們不必直接拒絕，只需要拖延一下，能達到更好的溝通效果。

(2) 成本戰術

除了可以用拖延戰術，還可以嘗試用成本戰術，讓對方尋求幫助的成本增高，轉而尋求其他解決方式。

老王喜歡找朋友們借車，很多朋友都對他這一點十分頭

敢拒絕：掌握辦事分寸和尺度

疼，不想借給他，又礙於情面不好一直拒絕。有一次，老王又向老劉借車，老劉不慌不忙地回覆老王：「王哥，借車沒問題，明天可以過來取。對了，我的車快沒油了，你可能需要先開去加油。」老王一聽還要加油，覺得不划算，便找藉口不借了。

這個方法尤其適用於拒絕一些總是愛貪小便宜的人。

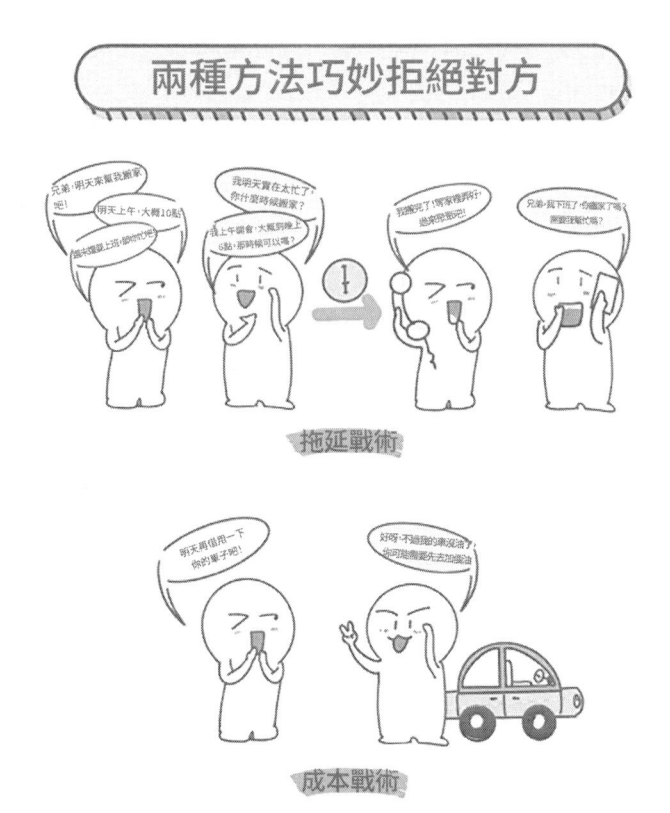

2. 果斷拒絕，別讓不好意思害了你

對於有些人來說，拒絕別人已經是一件很難的事情了，更何況是果斷拒絕，那更是難上加難。還有些人會思考：難道不是委婉拒絕別人會更好？是的，委婉拒絕確實是一種高情商的表現方式，並且我們在下一小節中有相關的介紹。但這並不代表果斷拒絕就不好，也並不代表果斷拒絕就是傷人。反之，某些情況必須果斷拒絕，否則也會使自己陷入困境。

必須要果斷拒絕的事情有以下幾種情況。

(1) 違背法律的

違背法律、觸犯法律的事情一定要嚴詞拒絕。不論是多麼熟悉的人要透過我們去做觸犯法律的事情，都堅決不能同意。

比如，晚上跟朋友喝過酒之後，朋友說：「這麼近，就幾百公尺，別叫代駕了，我替你開回去。」酒後駕車觸犯法律，害人害己，一定要果斷拒絕。

你可以這樣回覆：「那可不行，這是犯法的。當然也正因為這麼近，請代駕也很便宜。等代駕的時候我們還能多聊一下啊。」

(2) 觸犯隱私的

當代社會中，隱私權越來越受重視，每個人都希望有自己的私人空間，也總有些事情我們不想跟別人說，這是我們為自己留下的一個可以放鬆休息的空間。所以當別人觸犯隱私的時候，我們要果斷拒絕，沒有誰可以侵犯我們自己的世界。

比如，朋友跟你說：「認識這麼久了，還沒去你家看過，哪天去你家玩玩？」朋友這樣表達當然只是出於友好，但是並非每一個人都喜歡別人來自己家裡做客。如果你不希望朋友來，你可以這樣回覆：「說的也是，不過我不太喜歡在家裡聚會，除了家人，再好的朋友我也不會邀請到家裡，因為我比較在乎整潔。希望你能理解呀。我們還是在外面聚會吧。」

(3) 在工作中超出權限的

在工作中超出自己本職權限的要求要果斷拒絕，切忌把事情都攬在身上。超出職權範圍的事情，是我們無法掌控的，不論關係多麼好的朋友、同事，當他們請求幫助事項超出我們現在的職權時，我們都要果斷拒絕。

當出現這類情況時，我們可以這樣回覆：「老王，我聽懂了，你這件事我真的幫不上忙，這是我們上級的權限，之前也有人越過他直接做，然後就被檢討懲處了。我這邊實在是沒辦法。要不然，你試試直接問我們主管？」

■ Part4　會拒絕：學會說「不」，人生更自由

果斷拒絕並沒有那麼可怕，反之，能夠果斷拒絕不合理要求的人，往往會給別人一種很有原則的感覺。

3. 高情商拒絕，掌握人生主動權

有的人隨隨便便說句話都能打動別人，拒絕他人也能做到遊刃有餘。要如何才能像這些高情商人士一樣，將拒絕表達得恰到好處呢？有3個技巧可以採用。

(1) 搶先一步

王高約馬小北出來吃飯。馬小北知道王高正在應付一個特別難搞的客戶，而這次約飯肯定是有求於自己。但馬小北自知無法幫忙，又沒辦法直接拒絕。於是兩人見面後，正當王高準備提起此事時，馬小北搶先一步說：「我們這麼久沒見了，今天不聊工作，只憶往昔。」王高一聽，也不好意思開口了。

馬小北用了「搶先一步」的方法，在王高說出請求之前，搶先一步把話說了，王高也就不好再開口了。要注意的是，要想善用「搶先一步」這一招，一定要準確了解對方的想法，否則若是猜錯了，可能適得其反。同時，在使用這個方法時，也要注意語氣中帶有親和力和幽默感，不要說得太生硬，以免讓對方覺得尷尬。

(2)轉移話題

在工作和生活當中，我們難免會遇到一些不想回答的問題，為了擺脫追問，最常用和最好用的方式就是「轉移話題」。

蘇水和李貝是同一個辦公室的同事，蘇水性格大剌剌，很喜歡問別人一些私人問題。李貝不願意回答，但又不想破壞兩人的感情。於是，她選擇採用轉移話題這個技巧來應對蘇水。

蘇水：「貝貝，認識這麼久了，妳都沒說過有沒有男朋友，妳是不是單身呀？」

李貝：「哎，妳還記得上次開會王總說的那件事嗎？」

蘇水：「啊？什麼事？」

這樣轉移話題，就可以很好地迴避對方的問題。如果對方又追問，那就再轉移一個話題，直到成功分散對方的注意力為止。

(3)反問問題

除了轉移話題之外，還有一個方法跟轉移話題比較相似，但是又有不同之處，就是針對對方的問題再反問一個問題，這樣就能將對方的關注點引導到其他問題上了。

著名作家蕭伯納因為頸椎骨出了問題，需要動手術。手術之後，醫生想從蕭伯納這裡撈一點好處，於是說道：「蕭伯

Part4　會拒絕：學會說「不」，人生更自由

納先生,我可是第一次做這樣高難度的手術,並且這麼成功呀!」

蕭伯納聽出了醫生的言外之意,便笑著回覆醫生說:「您真是太厲害了!醫院打算付給我多少試驗費呢?我可是你第一個這類手術成功的患者呀!」

醫生頓時不知道說什麼了,自然也就不好意思再提要求。

蕭伯納巧妙地運用了反問問題——「醫院打算付給我多少試驗費呢」,成功地在無形中拒絕了醫生。當遇到不想回答的問題時,我們可以直接反問對方:「你為什麼這麼問呢?」「你為什麼想知道呢?」拋給對方一個問題,讓對方回答,進而在無形中拒絕他。

會拒絕：拒絕熟人不傷感情

大多數人不太會拒絕熟人，擔心拒絕後會導致關係破裂。但真正導致關係破裂的並非是拒絕本身，而是拒絕過於生硬導致了對方的不滿。如果我們能發揮同理心，那麼就能體面而不傷感情地拒絕他人。

1. 熟人借錢，怎麼拒絕才能不傷感情

小青因為公司經營的問題，資金暫時周轉不靈，於是只能找朋友借錢。

朋友甲：「青，我最近真的很困難，要不你去問問乙，看看他能不能幫你？」

朋友乙：「你不早說啊？我兩天前剛剛把錢借出去，現在沒錢了，你問問別人吧。」

朋友丙：「我的錢都在股市裡套著，如果股市漲起來，或許我還能借給你。」

小青很難過，曾經的朋友在這個時候居然都置身事外，不肯幫忙。不過小青還是繼續打電話給朋友劉姐。

朋友劉姐：「實在對不起啊小青，我家孩子最近結婚，我花了不少錢，手裡確實沒有什麼錢了。我知道你一定是遇到

困難了,才會跟我開口借錢,但我這次可能幫不到你了。不過,我聽我孩子說,用什麼軟體可以進行貸款,那些你有沒有試試?不行的話,姐再幫你想想辦法。」

雖然沒有找劉姐借到錢,但是小青心裡還是暖暖的。過了一段時間,小青擺脫了經濟危機,十分鄭重地登門答謝了劉姐,並且將其視為自己最重要的朋友,而和朋友甲、乙、丙就沒有再過多的往來了。

為什麼最後小青對同樣沒有借給自己錢的人態度完全不一樣?俗話說得好:患難見真情。同樣是借錢,朋友甲、乙、丙的回覆難免有些冷漠。而朋友劉姐雖然也沒有借錢給小青,但是給了小青很多溫暖,讓小青感受到,雖然錢沒借到,但是友情還在,以後還可以交往。

所以,當遇到熟人借錢時,我們一定要照顧對方的感受,要耐心地聽對方的借錢理由,態度要平和,要從對方的角度思考問題,如果自己無法借錢給他,那麼可以給出一個解決方案。解決方案是否能夠實現都不重要,重要的是讓對方感受到我們是替他著想的。

2. 同事請你幫忙,如何拒絕不影響關係

職場上有很多「便利貼」員工,是指那些對同事的要求來者不拒的員工,比如經常幫同事買咖啡,打掃環境,處理自己分外的工作,等等。

我們在工作中難免會遇到同事請我們幫忙的情況，尤其是當我們初來公司的時候。如果在自己的事情處理完而又有時間的情況下，適當地協助同事，將此視為我們是在建立「情感銀行」。但如果我們自己的事情都沒有處理完，忙得不可開交，卻又因不好意思拒絕同事而幫忙，就容易變成「便利貼」員工。結果很可能就是我們自己的工作沒做好，甚至也得不到同事的感謝。

那這種情況下，我們怎樣拒絕同事會更好呢？可以嘗試以下 4 種方式。

(1) 以上級任務為理由

我們可以用上級主管指派任務為藉口，告知對方我們要處理更緊急、更重要的事情。

你可以嘗試這樣說：

「今天沒辦法幫你了，主管指派了一件緊急工作，我先不跟你說了，我要去開會。」

(2) 以短時間內無法完成為理由

我們也可以用短時間內沒辦法完成為理由，並且告知對方緊急性，然後給對方一個小建議。

你可以嘗試這樣說：

「我這段時間有 5 個專案要同時進行，實在沒時間，你這

件事急不急?不急的話,5 天後我幫你,你看行不行?要是緊急的話,就再問問別人。」

(3)以自己不擅長,處理不了這件事情為理由

有很多時候,別人找我們幫忙的事情我們其實並不擅長,這時,千萬不要硬著頭皮答應,否則做不好還會「幫倒忙」。這種情況下,實事求是地直接拒絕,反而才是不耽誤事情的最好方法。

你可以嘗試這樣說:

「雖然我也想幫你,但是這件事情我確實不擅長,也沒有處理過類似事情的經驗,你需要找更專業的人來處理這件事。」

(4) 巧妙地轉移事情

採用轉移事情的方式,提醒對方「我現在很忙」。

你可以嘗試這樣表達:

「看到你讓我想起來一件事,前幾天王主管說過,這幾天要安排一個專案給你,這件事你知道嗎?你先做個心理準備。我現在正好也要去處理相關的事項,先走一步了。」

3. 朋友託你辦事,如何拒絕不傷情分

相對於拒絕朋友借錢和同事幫忙而言,拒絕朋友辦事可能會更難一些。

王春是一家公司的人力資源主管,有一次朋友老張約他吃飯。飯桌上,老張從公事包裡拿出一份履歷說:「兄弟,之前從來沒有拜託過你什麼,今天想跟你商量,能不能把我兒子推薦到你的公司工作?我記得你上次說有個主管職位還缺人,這是我兒子的履歷,應該還挺適合的。這個忙你一定要幫啊。」

王春看了看老張兒子的履歷,說:「張哥,我們的交情沒問題,但是您兒子才剛畢業,肯定做不了管理職務。這個忙我實在幫不了啊。」老張聽了很不開心,從此兩人也很少來往了。

王春的回答雖然是事實,但過於直接,很容易傷害到彼此的感情,尤其是在對方很要面子的情況下。那麼,如何回

■ Part4　會拒絕：學會說「不」，人生更自由

答才能既不傷情分，又可以拒絕別人的要求呢？

(1) 善用緩兵之計

類似王春遇到的這種情況，往往發生得比較突然，本來以為只是吃頓飯，結果對方突然提出一個要求，讓人很難立刻想出一個好的回答。這個時候最好的應對方式就是不給確切的答案。既不當場答應也不當場拒絕，而是使用緩兵之計。比如在上述案例中，王春可以這樣說：「張哥，我看了您兒子的履歷，很優秀的年輕人。雖然我是人事主管，但是畢竟公司還是有公司的規矩。我週一回公司的時候跟大家商量一下，到時候再給你回覆。」

(2) 雖然拒絕但是也要努力爭取

用緩兵之計暫時緩解飯桌上立即回覆的情況，只是為了爭取更多的時間，讓我們思考如何回答。但最終我們還是要回覆對方結果，注意，不能只回覆結果本身，一定要站在對方的角度替對方思考。在上述案例中，王春可以回覆討論結果：「張哥，您兒子的事，我們今天剛剛開完會討論過。這個職位之前確實是缺人，但今天開會的時候，這個職位的部門經理跟我說已經找到了一個適合的人選，並且通過了面試，馬上就要來上班了。當然，我也為您兒子爭取了一下，看看有沒有可能應徵兩位，但是公司目前確實沒有這個規劃。如果真的喜歡我們公司，可以請您兒子考慮一下我們公司的

其他職位。業務部和行政部這邊也缺人,您要不要考慮一下?」

這樣的回答既講清楚了事實,又表達了作為朋友的關心,不會太傷感情。

Part4　會拒絕：學會說「不」，人生更自由

拒絕勸酒：不喝酒也能合作雙贏

請客吃飯向來都是交流感情、促進關係甚至是達成合作的常用方式。幾乎所有人都會在職場上遇到酒桌敬酒的場景，日常生活中的飯局還可以推託，朋友之間一般也不會因此傷害感情，但是工作場合就不同了，我們常會遇到自己不想喝而客戶一直勸酒的情況。如何拒絕喝酒同時又不影響公司和客戶的利益，成了職場熱議的話題之一。

1. 不能喝酒，飯局上應該怎麼辦

在酒桌上，客戶明明知道雙方是來談生意的，卻開始打起了「太極」，說：「來，不著急，先喝酒，再談生意！」如果遇到這樣的情況，應該怎麼破局？

(1) 團結就是力量

如果真的不能喝酒，可以事先跟身邊能喝酒的同事商量一下，尋求他們的幫助，這樣如果客戶提出先喝酒的要求，同事可以幫忙喝。

(2) 提前立規矩

在開席之前，我們可以先說：「十分感謝王總千里迢迢

拒絕勸酒：不喝酒也能合作雙贏

來到我們公司指導。今天您一定要吃得盡興，我幫大家做好服務。因為我酒精過敏，所以就以茶代酒了，讓我們其他的同事陪您喝。」在客戶提出要求之前，提前告知客戶自己不能喝酒的事情，並且安排其他同事陪同，把規矩立好，避免尷尬。

(3) 立場堅定

有一點必須注意，如果不喝酒，就立場堅定地說不喝酒，不能說「我少喝點」。因為只要喝了，通常就不存在少喝多喝的問題了。對客戶來說，能不能喝是客觀身體因素，而少喝多喝就是態度問題。在立場堅定的前提下，再讓其他同事進行幫助，只要讓客戶覺得有面子、開心就可以了。

(4) 借他人之意

運用誇獎的方式，借他人的話語給對方戴一頂高帽子，讓對方不好意思再堅持要求我們喝酒。可以嘗試這樣說：「劉總，經常聽其他主管和同事提起您，說您是一個在事業上很有影響力並且情商特別高的人，今天和您見面，我非常開心。但是實在不好意思，我今天不能再喝了，身體已經開始不舒服了，我想您一定會體諒的。我以茶代酒，敬您一杯！」

這樣戴高帽式的誇獎屢試不爽，幾乎在大部分的場合中都適用。

2. 客戶勸酒，如何委婉地拒絕

上文是不能喝酒如何拒酒，那如果可以喝酒，但是不想喝多，應當如何拒絕？最好的方法是別讓自己「閒下來」，主動積極地為大家服務，營造自己的參與感，轉移勸酒人的注意力。

潘寧以前是「酒場老手」，後來由於身體原因不能再多喝了。但是每次聚會，不管是朋友還是客戶，因為已經知道他能喝酒了，所以總是對他勸酒。為了解決這個問題，潘寧想了一個辦法。每次去吃飯，不論是公司的還是私人的飯局，他都帶好一套茶具和一些好酒，然後提前到酒店將自己的精美茶具擺好。到了開席的時候，他拿出自己帶的好酒，熱情地為大家倒酒，自己則喝茶。大家的注意力都在他為大家帶酒的貼心上，就不會在乎他是否喝酒了。久而久之，大家已經習慣了只喝茶的潘寧，對他有了全新的印象。

如果遇到不是經常見面的客戶，還有幾種方法可以幫我們委婉拒酒。

(1) 如果已經結婚的話，可以說最近在備孕，已經和另一半約定好了懷孕之前不能喝酒。此外，更要客氣地表達感謝客戶的盛情，以及實在有原因不能喝酒的歉意。

(2) 可以說最近剛體檢，醫生建議 3 個月內不喝酒，調養一下身體。一般這種情況下，就不會有人再繼續勸酒了。

(3) 裝作不勝酒力或者說自己酒精過敏，這種情況可能需要你少喝一點，喝了之後過幾分鐘就去廁所，然後回來說自己吐了或者過敏了，不能再喝了。

別人勸酒通常只是一時興起，不是非讓你喝酒不可，所以當你以正當的理由委婉拒絕之後，對方通常不會糾纏不放。

3. 主管勸酒，如何巧妙地拒絕

一次團隊聚餐，主管在飯桌上勸酒，其他同事都喝了，但小張因為感冒沒有喝酒，全程以茶代酒，主管對此表示不滿意。第二天，小張就被主管叫去了辦公室，還被責備了一頓。

像小張這樣的情況，在職場當中也時有發生，不少人因為拒絕喝酒而不受主管重視。其實，拒酒本身沒有問題，通常都是拒酒的方式出了問題。怎樣才能夠在拒酒的同時維護雙方的感情呢？

(1) 表達歉意

首先要主動，不要等主管要求我們喝酒的時候才想起來拒絕，這樣會顯得很被動。要先主管一步拿起酒杯，向主管敬酒，在敬酒的過程中真誠地表達歉意，可以這樣說：「王總，我敬您一杯。其實，我今天重感冒，早上非常難受，吃了好多藥，不能喝酒。我就以茶代酒敬您一杯，希望您諒解。」

(2) 表達讚美

不要忘記在拒酒的話語中暗含對主管的讚美,如果主管開心了,也就不會計較我們不喝酒的事情了。可以嘗試這樣說:「聽說王總酒量過人,今天我終於見識到了,看您這個酒量,我們這一桌子人加起來都喝不過。沒想到王總您不僅能力超群,酒量也是超群。我是自愧不如,從小酒精過敏,滴酒不沾,只能以茶代酒,敬您一杯。」

(3) 善用自嘲

自嘲是我們最好的保護傘,在上一章節中我們也講了很多自嘲的方法,這些方法在酒桌上同樣適用。敬酒的時候,我們可以透過「貶低自己,抬高別人」來拒絕別人的刁難。

酒桌上自嘲可以這樣說:「王總好,這些天我一直在趕稿,真的不能喝酒,我相信王總一定理解我,畢竟我肚子裡的墨水就那麼一點,再喝酒,墨水稀釋了,可就真的寫不出東西了。我以茶代酒敬您一杯,感謝您不計較我這所謂的文人墨客的『臭毛病』!」

Part5　會表達：
所謂情商高，就是會說話

■ Part5　會表達：所謂情商高，就是會說話

　　隨著經濟的迅速發展，人與人之間的交往越來越密切，表達能力的重要性日漸提升，是現代人的必備素養之一。我們不僅要有自己的見解，還要將它表達出來，讓大家明白、理解，各行各業都需要良好的表達能力。

　　未來社會最重要的資產是影響力，而表達力是影響力的重要元素，如果我們在職場中只知道苦練專業技能，而忽視了表達能力的提升，便很容易使自己的工作成果遭到忽視。

　　即使在日常生活中，會表達的人可以把一個普通的話題講得引人入勝，而不會表達的人，即使講話的內容很好，也很容易讓人聽不下去。表達能力能幫助我們駕馭人生，改變生活，是通往成功的必要途徑。

　　在不同階段，我們對表達能力的需求也不一樣，但它卻是我們需要用一生不斷精進的技能。

　　本章透過職場表達、生活表達和表達邏輯 3 個方面來幫助我們學習更好的表達方式，讓我們的情商得以提高，讓我們在職場中更受主管器重，在生活中擁有更順暢的人際交往。

　　「紙上得來終覺淺，絕知此事要躬行。」只看書是很難學會表達的，我們更需要在日常生活中有意識地訓練自身的表達能力，比如我們和他人見面說話，以及網路聊天中的打字輸入，都是表達的形式，我們可以借這些機會，進一步鍛鍊應用本章的表達方法。

職場中這樣表達，更受主管賞識

阿普在《山大王》中說過：「人類天生就是這樣的，只要你說話的時候神氣十足像個主宰者，就有人服從你。」

有很多人認為，在職場中只要工作做得好，就一定會被認可，從某種程度來說，確實是這樣。但現代社會對職場人士的要求越來越高，單單只是做好工作是不夠的，我們還需要用很多方式將自己的工作能力呈現出來。最直接的方式就是表達，比如令很多人都頭疼的月度工作彙報，再比如找工作時的面試，甚至平時在工作場合中和同事們的聊天對談，都是展現我們工作能力的時刻。作為職場人，我們一定要學會更好地表達自己的想法，讓工作彙報更高效，溝通交流更順暢。

1. 表達能力好，可以獲得更多職場機會

毛遂自薦的故事相信大家一定都不陌生，毛遂正是透過卓越的表達能力，獲得了主管的信任，從而給自己贏得了更多機會。

毛遂在平原君門下 3 年，一直沒有機會施展自己。一次，秦國大舉進攻趙國，情況危急。趙王派平原君向楚國求

Part5　會表達：所謂情商高，就是會說話

救。平原君決定挑選出 20 名智慧過人的門客隨同前往，可最後只選出 19 個人，還差一個人。這時，毛遂主動站了出來說：「我願隨平原君前往楚國。」

平原君一開始並不相信毛遂，說：「賢能的人在世界上，就好比錐子處在囊中，它的尖梢立即就會顯現出來。如今，先生已來了 3 年，我卻對您沒有任何印象，這是因為先生沒有什麼才能啊。所以先生不能一道前往，請留下！」

毛遂堅定地說：「我不過是今天才請求進到囊中罷了。要是我早就處在囊中的話，就會像錐子那樣，把整個鋒芒都露出來，不僅是尖梢露出來而已。」

平原君聽後，覺得毛遂說得有道理，於是便讓他隨自己去楚國。最終，毛遂憑一己之力勸說楚王出兵救援，得到了平原君的認同和重用。

表達能力好的人在關鍵時刻只憑藉自己的口才就能抵過千軍萬馬！這主要是因為表達能力好的人更容易被別人看見。

劉一和王小是同一家公司的職員，兩個人都在這家公司工作了 3 年，而且工作業績優異。這次，部門內部需要提拔一個主管，於是主管安排他們兩個人進行面試選拔。

面試當天，劉一因為緊張，全程面紅耳赤，準備好的稿子都說得結結巴巴，更別說回答主管的問題了。這個表現令

主管十分失望。而王小正好相反,整個面試過程中他侃侃而談,落落大方。面對主管的問題他也不慌不忙,對答如流。

最後的結果可想而知,王小做了部門的主管。

在做基層員工的時候,很多人會認為自己只要做好本職工作就可以了,往往忽略了表達的重要性。而一旦有升職的機會,就意味著自己在未來一定會面對開會、彙報、述職、上下級溝通等一系列表達問題。這其實是職位特性本身發生了變化,管理者不再只做具體業務的工作,更多是做管理的工作。而管理一定離不開說話表達。

表達能力好的人有多吃香?透過表達,人能夠更好地表現自己的能力,獲得更多的職場機會,甚至升職加薪都能快人一步。

2. 記住 3 句話,搞定職場即興表達

其實,職場當中的表現機會非常多,但有的時候並不起眼,容易被很多人忽略。比如,開會的時候,主管可能經常會對員工進行提問,讓員工即興發言。這個時候就是展現自己表達能力的最佳時刻,也是推銷自己的好機會。但很多員工都懼怕這樣的即興表達,於是錯過了很多機會。

黃蘭是公司的中層管理者,有一次主管叫黃蘭跟自己一起去參加一場高階主管會議,黃蘭很開心,因為這次會議可

▌Part5 會表達：所謂情商高，就是會說話

以見到公司所有的核心人物。於是，她抱著謙虛好學的態度跟老闆去參加了會議。沒想到，在會議的最後，大老闆突然要求在場的每一位員工都發表一下針對這次會議的看法和觀點，並讓黃蘭第一個發言。黃蘭第一次在這麼多大主管面前發言，十分緊張，腦子一片空白，最後只說了句「非常好」，就結束了這一次發言。

之後，主管再也沒有帶她參加過類似的會議，而黃蘭因為這次臨時發言沒有發揮好，而錯失了一次彰顯自我的機會。

像黃蘭這樣的情況其實並不少見，在公司會議上，這種臨時性的發言多多少少都會讓人感到困擾，但若表現好，也會帶來更多的機會。我們應該如何搞定即興發言呢？只需要記住這3句話，避免在即興發言時搞砸了。

第一句：不管是什麼會議，只要是來開會，我就是來發言的！

第二句：主管叫我發言，我就微笑面對，大方地講出來。

第三句：抓住主管講話時的關鍵詞和關鍵句，我就能表達好。

前兩句其實都是心法，當大家有了這樣的心態，一旦即興發言來臨，我們也不會太慌張。第三句是一個技巧，開會的時候只要認真聽，就能夠注意到主管講話中的「金句」以及

會議的要點,只需要選取一個要點詞或者金句,我們就可以順利進行即興表達。

比如:「感謝主管給我這次發言的機會,這次會議我印象最深刻的是王總提到的『矩陣』這個詞。過去我們的產品線確實過於單一,但是我們也靠著單一的產品打下了市場的半邊天。不過時代已經有了很大的變化,如果我們不考慮細分領域的矩陣,可能就真的要被甩在後面了,所以『矩陣』很重要。我覺得對我自己來說,這個詞給我的感觸最深,謝謝大家。」

再比如:「感謝劉總給我這個機會來談談自己的感受,劉總在會上有一句話令我印象特別深刻,也給了我很大的感觸,這句話是:『先完成,再完美。』以前的我一直追求完美,所以工作有時難免拖拉,無形之中給自己增加了很多壓力。之後我應該先完成一個 1.0,再不斷地進化產品,這樣才能順利推動工作進展。感謝劉總的這句話。謝謝大家。」

總而言之,只要記住這 3 句話,就可以搞定職場中大部分的即興表達場合。

Part5　會表達：所謂情商高，就是會說話

三句話搞定職場即興表達

- 不管什麼會議，只要來開會，我就是來發言的
- 主管叫我發言，我就微笑面對，大方地講出來
- 抓住主管講話時的關鍵詞和關鍵句，就能順利表達

3. 掌握表達黃金公式，工作彙報很簡單

如何彙報工作，相信是讓很多職場人頭疼的一個問題。學了很多方法，但是都無法融會貫通。工作彙報中我們究竟需要注意哪些問題呢？

(1) 要清楚對方想聽什麼

要釐清對方想聽什麼，首先需要了解你的彙報對象是誰，以及他們的訴求是什麼。不同層級的主管對工作的關注點也不同。部門主管可能更在意你的工作對部門有什麼幫助，公司總負責人則更在意你的工作是否對公司整體有積極的促進效果。

(2) 工作彙報的目的是什麼

彙報工作或者溝通中經常會出現一個問題，就是表達不清晰，目的不明確。這時我們首先需要用一句話釐清自己此次彙報的目的，因為如果連你自己都不清楚自己的彙報目的，別人又如何了解呢？

(3) 彙報的內容有哪幾點

彙報內容是重點，先列一下自己的彙報內容有哪幾個方面，並且將彙報內容的要點和自己的目的進行對照，儘量保證彙報內容都是與彙報目的相對應的。比如，你想透過工作彙報爭取更多的資源支持，那麼你就不能一味地誇自己的工作業績，這就不符合此次的彙報目的。

(4) 彙報內容有邏輯

你所彙報的內容不能是雜亂無章的，或者把所有內容堆在一起呈現給主管，而是應該用一定的邏輯將彙報內容組織起來，做到有條有理，形成逐漸遞進的關係。

這4個注意事項比較偏向實戰面，適合指導絕大部分工作彙報的提前準備工作。一個優秀的職場人，不僅要工作能力強，還要口頭彙報能力好。

陳磊是公司業務的核心人物，業務做得很出色，但就是懼怕當眾說話。年終彙報時，陳磊說了一堆廢話，主管多次提示他說重點。但陳磊也不知道什麼是重點，乾脆就把一大

Part5　會表達：所謂情商高，就是會說話

堆資料直接放到了 PPT 上，然後照著讀。多次這樣後，主管們討論說：「陳磊是公司的業務骨幹啊，但也只能做業務了。」

像陳磊一樣的人也並不少見。如果大家平時缺少機會來展現自己，那工作彙報就是大家一定要抓住的一個機會。這是一個 5 分鐘以上的表達場景，並且主管們會安安靜靜地聽你講話。

工作彙報除了要做到上面的 4 個基本準備之外，有沒有一種彙報方式能夠既簡潔又有重點呢？**職場彙報可以分為以下黃金 3 步。**

第一步：先說結果。

第二步：分條分點。

第三步：提取關鍵句。

工作彙報一般都是一天到兩天，而且每個人彙報的時間都不短，怎樣表達才能夠讓主管看到我們的工作成果並且聽起來不枯燥？那就是強調主管關心的話題。而主管最關心的就是結果，即這一年你的工作成果到底是什麼。

所以，彙報的第一步，就是直接提供結果。你可以這樣說：「長官，銷售一部完成了公司業績指標，並且整體業績跟去年相比提高了 1.5 倍。」報告結果之後，我們也不要只講過程，而是將內容有條理地表述，比如：「第一點，整體數據完全達標；第二點，人員結構基本完善；第三點，管道資源需

要更多的支持。」這樣分成 3 點來逐點表達,並且每一點都不要說得過長,要提取關鍵句,否則就不容易被主管記住。

■ Part5　會表達：所謂情商高，就是會說話

生活中這樣表達，瞬間提升情商

　　生活中的表達雖然沒有那麼正式，但是句句都能展現出一個人的表達素養。沒有人會喜歡粗話連篇的人，所有人都喜歡真誠、輕鬆、愉快的表達。而具備這樣表達能力的人，通常都會被人稱讚情商高。有的時候，情商高低的展現只在一瞬間。

1. 3 個注意事項，避免無效表達

(1)換位思考

　　有這樣一個故事。

　　有個胸懷大志的年輕人要離開村子去遠方闖蕩。在臨走之前，他去請教村裡最有智慧的老人：「您覺得世界上最容易的事情是什麼？」

　　老人說：「世界上最容易的事情就是說話，即便是小孩子都會說話。」

　　年輕人又問：「那世界上最難的事情是什麼？」

　　老人說：「世界上最難的事情還是說話，即便是才高八斗的人也不一定能夠把話說好。」

年輕人問了老人最後一個問題:「那怎麼說話才能說好?」

老人露出了慈祥的笑容說:「很容易,管好自己的嘴,顧好他人的心。」

「管好自己的嘴,顧好他人的心」,老人的這句話告訴我們,在與人交往中,我們要學會考慮對方的感受,謹言慎行。高情商的人從來不會只想著自己,而一定會先想到別人。講他人能夠接受的話,用他人喜歡的方式表達,尊重他人的想法,才是真正的高情商。

比如有人說自己很胖,低情商的人可能會說:「怎麼胖成這樣?趕緊減肥吧!」高情商的人可能會說:「胖一點健康,代表胃口好呀,而健康比什麼都重要。」本來對方就因為胖而感到難過,這時我們再去強調他的胖,只會讓對方更加難受。而當我們從好的方面去解讀「胖」,或許能讓對方開心起來。

(2) 懂得傾聽

有的時候傾聽比表達更能展現一個人的情商。

美國知名主持人林克萊特,有一天採訪一位小朋友。

主持人:「你長大以後想做什麼?」

小朋友:「我一定要當飛行員!」

■ Part5 會表達：所謂情商高，就是會說話

主持人：「如果有一天飛機在天空中發生事故了，你會怎麼辦？」

小朋友：「我會冷靜地告訴每一位乘客和工作人員，請繫好安全帶，然後我再帶著降落傘跳下去。」

這個時候，現場的觀眾哄堂大笑，只有主持人靜靜地注視著這個孩子。

主持人：「你為什麼要走？」

小朋友：「我要去拿燃料啊，要去找人來維修啊。我會回來的，帶著很多人回來！」

觀眾都覺得孩子只想自己逃走而對別人不管不顧，所以才會發笑。只有主持人保持傾聽的姿態，問出了孩子這麼做的原因，並且原因出乎所有觀眾的意料。我們在生活當中也會遇到這樣的事情，在別人話還沒有講完的時候，我們就提前做出了評判，但其實對方心裡並不一定就是這樣想的。傾聽是高級的對話，更能帶領我們找到真實的答案。

在一些心理諮商的過程中，心理諮商師需要做的可能僅僅就是傾聽，然後進行簡單的回應即可，比如「嗯」「啊」「是」等。在心理諮商師認真聽完來訪者的傾訴之後，來訪者常常表示自己已經有所好轉了。這就是傾聽的力量。

很多時候，別人並不是真的需要我們的建議和分析，而只是需要一個善於傾聽的夥伴而已。

(3) 保持情緒平穩

我們在日常生活當中會遇到形形色色的人，經歷各式各樣的事情，產生各式各樣的情緒。好的情緒狀態通常會帶來好的結果，同理，壞情緒往往只會壞事。而情商高的人常常能夠在交流過程中保持穩定情緒，並且還懂得安撫他人的情緒。

心理學中有一個 12 秒定律，是指一個人的情緒最多只會持續 12 秒，憤怒也不例外。根據這個定律，當我們有憤怒情緒的時候，我們最多只會在 12 秒的時間裡感覺到火冒三丈，甚至說一些過於激進的話語。12 秒一過，我們可能就會覺得自己剛才沒有必要發那麼大脾氣。所以當我們即將爆發負面情緒的時候，只要控制好這 12 秒鐘就可以了。

蔣希深諳 12 秒定律，有一次和妻子爭吵，就在妻子快要生氣的時候，他說：「老婆，先別生氣。妳先坐下，我幫妳倒杯水。」等蔣希倒完水，妻子的怒氣基本上已經消失了。

人的情緒與肢體狀態也有很大的關係，躺著的時候很難突然憤怒，要憤怒的時候往往會站起來。蔣希很懂這個道理，他馬上讓妻子坐下，妻子的憤怒情緒就緩解了一半，再加上他幫妻子倒水的時間也有十幾秒鐘，等他倒完水後妻子基本上就已經平靜下來了，不會像之前那樣大吼大叫了。

一般人看到對方憤怒之後，要麼戰鬥，要麼逃跑，而情商高的人善於運用策略把控對方的情緒發展過程。在 12 秒鐘內控制住情緒，就可以相對理性地進行交流。

2. 5 種表達方式，任何時候都讓你情商爆表

高情商表達是有方法可循的，5 種表達方式，能讓你在任何時候都情商爆表。

(1) 不提供絕對答案

在職場當中，我們可能會遇到一些敏感問題，比如：「你覺得王主管和李主管哪一個能力更強一些？」這種問題說誰更好都不行。面對這樣的問題時，我們不要提供絕對的答案，也就是不要直接回答。你可以嘗試這樣說：「王主管和李主管的能力都不錯，各有優點，都值得我們學習。」

這樣不提出絕對答案的表達，既能夠回答對方的問題，也能夠避免以後不必要的誤會和麻煩。

(2) 把對方「拉」過來

在職場中，我們可能會遇到喜歡挖苦別人的人。比如，有些不友好的同事可能會說：「我真的是不懂，我們公司為什麼要將你這樣的人留下來。」在聽到這種表達的時候，我們不必難過，也不必憤怒，只需要把對方「拉」過來，讓對方與我們處在同一環境中，這樣就可以緩解這種尷尬了。你可以這樣說：「的確，這說明了我們公司特別好，能夠讓你我這樣的人不失業，有工作。」

(3) 不否定任何人

王民剛畢業去找工作，參加了一次面試，面試官同時面試了3個人。最後問了3個人同一個問題：「你們3個人的自我介紹中哪一個人表現最優秀，哪一個最差？」3個人都瞠目結舌，回答自己表現最好和別人表現最好的都沒有通過面試。

面對這樣的問題，怎樣回答更好呢？首先，在回答這類問題的時候有一個原則：不否定任何一個人。簡單來說，就是不過於謙虛，也不要太浮誇，就事論事地表達自己看到的事實。你可以嘗試這樣說：「我覺得在剛才我們3位的自我介紹當中，每一個人都有各自的優勢。比如第一位，他的表達優勢是語言流暢，表達清晰。第二位的優勢是他的介紹內容準備得比較全面。而我的表達優勢是強調重點，很快就能夠讓面試官知道重點在哪裡。所以，從不同方面來說，我們每一個人都有優勢。」

不論是在面試，還是在職場溝通中，有時候大家的交流不一定是為了尋求確定的答案，更多情況下是考驗一個人的情商。情商高的人總能面面俱到，既不得罪別人也不貶低自己，這樣的表達才能讓別人覺得高級。

(4) 將負面變為正面

在人際交往的過程中，總有一些人說話做事的風格令人不舒服。同理，有的時候我們的語言表達太過於直接，也容

Part5　會表達：所謂情商高，就是會說話

易傷害到彼此。比如有一些用詞就很容易讓別人不開心，如「你很討厭」「你很煩人」「你真傻」「你不行」等。當我們的內心想說這些話語的時候，不如換一個方式表達，將這些負面的詞旋轉180度，換成正面的詞彙。這樣可以既不傷人，又能給出適合的反應。你可以嘗試這麼說。

把「呵呵」改成「你的想法真有意思」。

把「你真煩人」改成「你好活潑啊」。

把「你真討厭」改成「你開心就好」。

把「你不行」改成「你再嘗試一下」。

把「你太傻了」改成「你的想法和別人不同」。

五種表達方式，任何時候都讓你情商爆表

把對方拉過來

不否定任何人

將負面變成正面

不提供絕對的答案

用讚美化解危機

(5) 用讚美化解危機

在第二章中大家已經感受到讚美的魔力了，會讚美的人往往可以順利化解危機。當我們遇到一些尷尬的場景，比如自己無心說出的一句話：「小劉這個人恐怕很難被主管提拔了。」當這句話被傳到當事人小劉耳中時，我們不必嘗試去解釋，而是從他人的角度把事情合理化。我們可以嘗試這樣說：「因為小劉太能夠勝任自己的職位了，他是專業的技術性人才，如果他被提拔了，很難找到接替他現在職位的人。」

這樣的表達方式既沒有推翻自己說過的話，也巧妙地透過讚美他人能力挽救了局面。

3. 換一個字，表達效果截然不同

我們時常覺得情商高的人特別會照顧別人的情緒和理解別人的感受。其實，要做到這一點並不難，很多時候只需要換一個字，就可以迅速提高表達效果。

有很多人在表達的過程中，傾向於使用「我」字。當我們在表達個人觀點的時候，用「我」字很正常，尤其是在一些當眾演講、發言的場合中，適合以「我」為主體進行個人想法的傳遞，這也是一種說服他人的過程。

私下溝通則不然，就像之前網路上很流行的一句話：「我不要你覺得，我只要我覺得。」有很多人喜歡說「我認為」、

「我建議」、「我覺得」,但實際上這樣的表達會讓人有距離感,顯得說話者特別以自我為中心。如果我們更多地使用「你覺得呢」、「你怎麼看」、「你的意見是什麼」這樣的表達方式,就更容易被別人接受。換而言之,情商高的人都是很好的傾聽者和話題引導者。

有一次,王柳因為工作不順心去找於洪聊天。

王柳:「我想離職了。我工作了5年,既沒有加薪也沒有升職。前兩天有一個比我更晚入職的人成了我的主管。我覺得挺丟人的,我做不下去了。」

於洪:「那你覺得升職的那位同事為什麼會被主管提拔起來呢?」

王柳:「他雖然來公司比我晚一些,但確實有一些值得欣賞的地方,比如,他的溝通能力比較好,還有他遇到一些事情時會很積極主動地去處理。但是,我也有我的優勢呀,我工作的時間比較長,工作期間沒有出過任何的差錯。而且這次升職選拔的事情我根本不知情,只是最後大家告訴我已經評選完畢了。」

於洪:「我認為你是一個很善於發現別人優點和自己優點的人。所以你生氣的原因是你不知道升職選拔流程,和這位同事是否當你的主管沒有很大的關係對吧?」

王柳:「是的,我平時和公司的同事溝通比較少,這些訊

息總是很晚才知道。」

於洪：「所以，你可以怎麼做呢？」

王柳：「我應該多熟悉公司的規則，跟主管、同事多打交道，這樣下次還有機會。」

王柳說完後自己就明白以後應該怎麼做了，於是繼續開心地回去上班了。

於洪全程都在深度傾聽王柳的需求，引導王柳自己回答，並且運用「你覺得」、「你可以怎麼做」這樣的話語，引導王柳想清楚事情發生的原因和以後可以怎麼做，成功幫助王柳解決了當時的問題。同時，於洪也善於用「我認為」來表達對王柳的讚美，認為王柳善於發現自己和他人的優點，這樣的話語有效地促進了雙方的關係，讓王柳更願意多說一點。

總結來看，情商高的人多用「你」來尋求建議、引導需求，多用「我」來表達讚美、促進關係。

■ Part5　會表達：所謂情商高，就是會說話

告別語無倫次，表達清晰有邏輯

語無倫次是很多人在表達的過程中都會遇到的現象，甚至有一些人本來有表達欲，但總是辭不達意、思路混亂，自己都不知道自己說了些什麼，因此大受打擊，乾脆不想表達了。實際上，語無倫次雖然讓人抓狂，但也並非是什麼「不治之症」，你只需要在表達的過程中，掌握一定的方法和技巧，多加練習，就可以慢慢改變之前混亂的表達方式，進行有條理、有邏輯的順暢表達。

1. 運用數字，表達清晰有條理

明明醞釀已久的想法和建議，一說出口就走了調，這是很多職場人士在工作總結和彙報中會出現的情況。不論有沒有做充分的準備，說話的時候有一定的條理順序，讓別人聽得明白，是正確表達的基本要求。要做到有邏輯、有條理地表達並不難，只需要在我們的陳述之中插入簡單的數字就可以產生驚人的效果。

透過觀察，我們可以發現，很多會說話的人都善於用數字來梳理邏輯。他們喜歡運用第一點、第二點、第三點這樣的表達方式，不僅別人聽得很清楚，說話者自己也能

更好地把握思路。

在進行工作彙報時，尤其需要注意邏輯清晰、有條理，雖然豐富的內容是我們彙報的優勢，但表述不好也很容易成為一種劣勢。因為大家都不願意聽一堆工作細節，而是更希望關注重點內容，所以做工作彙報時最好把彙報內容劃分成幾個方面進行有條理的闡述，控制在 5 分鐘左右，讓聽眾更順暢地接收到訊息。

比如你可以這樣說：「今天不會占用大家太多時間，只跟大家彙報 3 點內容，第一點⋯⋯第二點⋯⋯第三點⋯⋯」用四至五分鐘講完重點內容，並且思路清晰，讓主管和同事更清楚你的工作成果，令他們留下一個好的印象。

運用數字進行表達，其實是一種按順序、有邏輯的表達方式。不管我們遇到多麼複雜的內容，濃縮成 1、2、3 點就可以了，而且適用於大部分正式場合。

2. 先說結果，表達精準有重點

職場中很多人向主管彙報工作時，總是先說一大堆細節內容，遲遲不提主管最關心的重點。這樣的彙報既顯得沒有效率，還可能會讓主管誤以為員工態度不認真。

怎樣表達才能夠彰顯重點呢？其實方法很簡單，那就是直接告訴對方結果。大家可以看一下小王在某次彙報中的表

■ Part5 會表達：所謂情商高，就是會說話

現：「老闆好，我來彙報一下接下來的會議安排。張經理說他明天沒時間參與，小胡說他下午可以，齊總說他後天早上才能回到公司。會議室明天也沒有地方，其他人還有沒回覆我，您看我們的會議改在週四下午3點開始好嗎？」

假如你作為主管，你聽到小王這樣的彙報會滿意嗎？很顯然，小王開始的一連串表達很難讓別人知道他到底要說什麼。其實他想傳達的就是會議時間更改了，但他遲遲沒有說重點，就顯得很囉唆，只要改一改彙報順序就能大不相同。

「老闆，我來彙報一下明天會議的事情。您看，明天的會議改到週四的下午3點是否可以？因為齊總後天早上才能回到公司，張經理明天沒有時間參與，小胡明天下午才可以參與，而且會議室週四下午才有空，所以，週四下午3點的時間比較合適，您認為呢？」

這一次，小王的彙報是不是凸顯出重點了？如果主管非常忙，後面的解釋都可以不聽，直接聽開頭所說的結果就可以了。這樣簡單高效的表達方式，才是主管喜歡的。

除了溝通效率問題，如果不先說結果，還可能讓別人的理解和我們想要表達的內容產生偏差。

一個朋友跟我講起一件事情：「我朋友把自己的車放在網路上賣，他非常擔心自己的車賣不出好價錢，因為他的車之前出過一次大事故。在網路上掛了幾天，好幾個買家來看，

看到車出過事故,所以價格壓得很低。但是幾天後,他的車竟然以高價賣出去了,原來是因為有個買主沒有看出車經歷過大事故,對車很滿意,就高價買走了。」

我當時聽完說:「他怎麼這麼走運,這麼大的問題都沒有被看出來!」結果,朋友驚訝地反駁說:「我想說的是他隱瞞實情啊,一點也不誠信。」

很多時候,我們之所以會出現理解上的偏差,並不一定是價值觀的問題,而是因為每個人的關注點都不同。如果說話者在開始表達時就釐清重點,引導聽的一方關注自己的觀點。比如,上述案例中,如果這個朋友一開始先跟我說:「我有個朋友隱瞞實情,我覺得他不太正直了。」然後再講後面的故事,並且講故事的過程中,需要多展現那個人隱瞞事實的做法,這樣我就能輕鬆聽出朋友要表達的重點了。

記住,不論是在生活還是在工作中,先說結果,或者先表達自己的觀點,才能夠做到表達有重點。

3. 8個練習方法,培養良好的表達習慣

良好的表達是由多種方面組成的,這本書則透過五個角度來幫助大家提升自己的表達能力。在我們做到了「敢開口」、「會讚美」、「會幽默」、「會拒絕」、「會表達」之後,還會有其他一些要求,比如,口齒清晰,聲音好聽,公開發言

Part5　會表達：所謂情商高，就是會說話

臺風穩，等等。這最後一小節，我將分享 8 種練習方法來幫助大家更進一步地提升自己的表達能力。

(1) 每天練習 10 分鐘繞口令，讓我們口齒清晰，表達流暢。

(2) 每天朗讀 15 分鐘文章，訓練自己的語音、語調，培養語感，增加詞彙量。

(3) 每天錄製一個短影片，講清楚一件事情，訓練自己講故事的能力。

(4) 只要有上臺講話的機會，就主動上臺展現自我。

(5) 多讀書，做讀書筆記的同時，與身邊人分享。

(6) 多觀看談話類節目，營造好的談話氣氛。

(7) 談話時，換位思考，想想對方想什麼，有針對性地表達。

(8) 隨時隨地出題目給自己，鍛鍊即興表達。

雅典演講家狄里斯有天生的聲音缺陷，他的聲音低沉、呼吸短促，導致自己口齒不清，別人總是聽不清他在說什麼。在狄裡斯生活的那個時期，政治糾紛嚴重，於是溝通和表達能力好的人特別受人尊敬。

狄里斯雖然知識淵博，但是表達能力並不好，一次演講的失敗，讓他深刻明白表達能力有多麼重要。於是他更加努力地訓練自己的表達能力，在海邊放聲吶喊，在家對著鏡子

練習口型和發聲。堅持了好幾年之後，他終於在一次演講上大獲成功，從此成為一名著名的演講家。

狄里斯的故事告訴我們，好的溝通和表達能力只有透過不斷的練習才能獲得成功。不要放過每一次當眾講話的機會，因為不管我們透過看書學習到了多少說話技巧，若不去練習的話，我們都無法在溝通表達方面迅速取得巨大的進步。

因此，提升溝通能力的前提是要先敢開口，然後你就可以用學到的技巧去不斷進行練習！

電子書購買

爽讀 APP

國家圖書館出版品預行編目資料

溝通高手！高情商表達，即使說「不」也能贏得尊重：打破尷尬、增強同理心，發揮話語影響力，讓幽默成為你的社交利器 / 于木魚，周冰冰，陶辭 著 . -- 第一版 . -- 臺北市：崧燁文化事業有限公司 , 2024.08
面； 公分
POD 版
ISBN 978-626-394-665-1(平裝)
1.CST: 溝通技巧 2.CST: 說話藝術 3.CST: 人際傳播
177.1　　113011570

溝通高手！高情商表達，即使說「不」也能贏得尊重：打破尷尬、增強同理心，發揮話語影響力，讓幽默成為你的社交利器

臉書

作　　　者：于木魚，周冰冰，陶辭
責任編輯：高惠娟
發　行　人：黃振庭
出　版　者：崧燁文化事業有限公司
發　行　者：崧燁文化事業有限公司
E-mail：sonbookservice@gmail.com
粉　絲　頁：https://www.facebook.com/sonbookss/
網　　　址：https://sonbook.net/
地　　　址：台北市中正區重慶南路一段 61 號 8 樓
8F., No.61, Sec. 1, Chongqing S. Rd., Zhongzheng Dist., Taipei City 100, Taiwan
電　　　話：(02) 2370-3310　　傳真：(02) 2388-1990
印　　　刷：京峯數位服務有限公司
律師顧問：廣華律師事務所 張珮琦律師

-版權聲明-
本書版權為樂律文化所有授權崧燁文化事業有限公司獨家發行電子書及紙本書。若有其他相關權利及授權需求請與本公司聯繫。
未經書面許可，不得複製、發行。

定　　　價：299 元
發行日期：2024 年 08 月第一版
◎本書以 POD 印製
Design Assets from Freepik.com